Brigitte vom Wege / Mechthild Wessel

Spielketten und Spielaktionen im Kindergarten

Band 1

Brigitte vom Wege / Mechthild Wessel

Spielketten und Spielaktionen im Kindergarten

Band 1

Herder Freiburg · Basel · Wien

Gedruckt auf umweltfreundlichem,
chlorfrei gebleichtem Papier

Textillustrationen: Brigitte vom Wege / Mechthild Wessel

Satz: DTP-Studio Helmut Quilitz, Denzlingen
Druck und Bindung: Freiburger Graphische Betriebe 2000
ISBN 3-451-27316-0

Inhalt

Vorwort

Jeder Kindergarten hat sicherlich schon Spielketten, Spielaktionen, Fantasiereisen – oder wie auch immer die bewegten Spielgeschichten genannt werden –, durchgeführt.

Häufig werden dabei bewährte Beispiele aus der fachpädagogischen Ausbildung wiederholt oder sogar auf beliebte Spiele aus der eigenen Kindergartenzeit zurückgegriffen. Neue Spielketten oder Spielaktionen im Kindergarten einzuführen oder selbständig zu entwickeln, erscheint vielen zu zeitaufwendig oder zu kompliziert.

Dabei ist es so einfach! Ein Beispiel:

Drei Hasen
tanzen im
Mondenschein im
Wiesenwinkel
am See:
Der eine ist
ein Löwe,
der andere
eine Möwe,
der dritte ist ein Reh.

(Christian Morgenstern, Sämtliche Dichtungen in drei Abteilungen, Zbinden Verlag, Basel 1978)

Spontan entstehen „Bilder" von drei merkwürdigen Wesen, die im fahlen Licht den Mondscheinwalzer tanzen. Assoziationen von Verzauberungen, Fantasiefiguren und Traumwelten entstehen, Spiele und Lieder, *(Häschen in der Grube, Hase und Jäger)*, sich verkleiden und Zaubersprüche fallen ein, stellen Verbindungen her. Eigentlich fehlt nur noch eine fantasievolle Rahmengeschichte und schon ist die Spielkette fertig.

Mit dem vorliegenden Buch möchten wir allen, die mit Kindern im Kindergarten spielen, neue Anregungen geben, Spielketten und Spielaktionen als ganzheitliches Spielerlebnis für Kindergartenkinder einzusetzen und ihnen gleichzeitig Impulse geben eigene Spielideen zu entwickeln, die sich an den Bedürfnissen und Interessen der jeweiligen Gruppensituationen orientieren.

Unsere Vorschläge der Spielketten und Spielaktionen beziehen sich inhaltlich auf bestehende Themenschwerpunkte der Kindergartenarbeit, wobei die Sozialerziehung und Bewegungserziehung in allen Spielketten und Spielaktionen berücksichtigt wurde.

Der Verzicht von Konkurrenz- bzw. Wettbewerbsspielen zugunsten kooperativer Spielformen war uns dabei besonders wichtig.

Spielketten und Spielaktionen in einen thematischen Zusammenhang zu stellen, soll deutlich machen, dass jedes Thema, jede Situation als Spielkette oder Spielaktion methodisch vermittelt werden kann.

Um die vielfachen Einsatzmöglichkeiten von Spielketten und Spielaktionen im Kindergarten zu demonstrieren, haben wir zum größten Teil bekannte Spiele verwandt, die passend zum Thema, vielseitig eingesetzt, verändert oder erweitert werden können.

Die umfangreiche Spielesammlung ist so angelegt, dass die einzelnen Spiele der 4 Spielbereiche: Bewegungsspiele / Darstellungsspiele / Kontaktspiele / Sinnesspiele fotokopiert, ausgeschnitten und auf Karteikarten geklebt werden können, um als Spielkartei die pädagogische Arbeit im Kindergarten zu bereichern.

Die Alters- und Zeitangaben in den Spielvorschlägen sind relativ und selbstverständlich abhängig von den jeweiligen Situationen. Jede Spielkette und Spielaktion ist individuell veränderbar, d. h. es können einzelne Spiele entfallen, verändert, ersetzt oder erweitert werden.

Spiele und Lieder, die der Gruppe unbekannt sind, sollten vorher im Einzelnen eingeführt werden, um die Gruppe nicht zu überfordern.

Die Rahmengeschichte sollte frei erzählt werden, wobei der vorgegebene Text verändert werden kann. Wichtig ist nur, den Sinnbezug herzustellen und den eigenen Erzählstil zu unterstreichen.

Das Feed-back im Anschluss jeder Spielkette und Spielaktion dient der eigenen Reflexion und gegebenenfalls dem Erfahrungsaustausch mit Kollegen.

„Spielen Sie mit den Spielen !"

Brigitte vom Wege und Mechthild Wessel

1 Von Druckknopf-Spielen, Action-Monstern und Wolkenkindern – Die Spielwelt des Kindergartenkindes

1.1 Bedeutung des Spiels

In der Persönlichkeitsentwicklung bildet das Spiel Grundlage sowie Voraussetzung aller Bildungs- und Erziehungsprozesse. Im Spiel werden gleichermaßen emotional-affektive, soziale, kognitive wie psycho-motorische Entwicklungsbereiche beeinflusst. Spielen ist nicht nur die Berufstätigkeit des Kindes sondern sein Lebensinhalt. Denn das Kind unterscheidet nicht zwischen Spiel und Arbeit: Arbeit ist Spiel und Spiel ist Arbeit. Im Spiel erlebt es eine Quasi-Realität in der es ungefährdet vieles üben und tausend und eine Möglichkeit ausprobieren kann. Durch spielerisches Erproben, Experimentieren, Untersuchen und Vergleichen erlangt das Kind Wissen, Kenntnisse, begreift Zusammenhänge. Durch das Nachspielen von beobachteten Situationen lernt es sich mitzuteilen, Erfahrungen und Erlebnisse können so spielerisch bewältigt, Problemlösungen gefunden, neue Handlungsweisen ausprobiert werden. Im Spiel befriedigt das Kind sein Bedürfnis nach ausgelassener Bewegung. Der Spaß an der eigenen Körpergeschicklichkeit wächst und stärkt das Selbstbewusstsein. Bei allen kreativen Spielen entwickelt das Kind eigene Vorstellungen, Ideen und Fantasien. Im gemeinsamen Spiel mit Erwachsenen, Gleichaltrigen, älteren wie auch jüngeren Kindern erfährt das Kind soziale Verhaltensweisen. In seinem Bestreben nach Selbständigkeit und Unabhängigkeit bietet das Spiel dem Kind eine adäquate Form der Sozialisation. Seine Spielbeziehungen schließen beispielsweise Konfliktlösungen, Absprachen, Hilfsbereitschaft, Solidarität, Partnerschaft, Integration ein sowie die Übernahme von Verantwortung.

Im Kindergarten und anderen Kindertageseinrichtungen sind besondere Spielbedingungen anzutreffen. Analog zum Bildungs- und Erziehungsauftrag werden zwar unterschiedliche Konzeptionen erstellt, aber alle gehen von den Lebensbezügen sowie den Bedürfnissen und Interessen der Kinder aus und wollen umfassende Erlebnis-und Erfahrungsmöglichkeiten vermitteln. Adäquate Bedingungen wie situationsbezogene Spielimpulse, ausgesuchte Spielmaterialien, spielanregende Raumnutzung wie auch Raumgestaltung bilden dazu den Ausgangspunkt für ganzheitliche Spielerfahrungen, wobei Kinder ihre inneren Kräfte entfalten, ihre eigene Sicht der Dinge herausbilden.

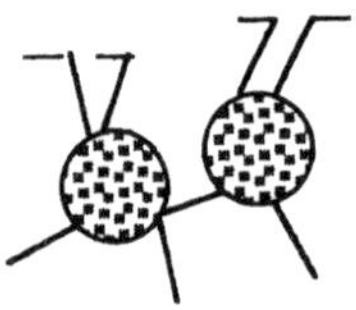

1.2 Spiel- und Bewegungsraum

In den letzten Jahrzehnten hat sich die Welt des Kindes drastisch verändert. Eltern und Erzieher sind häufig nicht mehr in der Lage, Kindern alle Bedingungen für eine gesunde Spielentwicklung zu schaffen. Eine dichte Bebauung mit engem Wohnraum und die hohe Verkehrsdichte haben Spielräume eingegrenzt und zu eintönigen Spielinseln verkommen lassen. Selbstständige Erkundungen, ausgelassene Bewegungsspiele und vielfältige Erfahrungen sind kaum noch möglich. Bei den Spielaktivitäten des Kindes ist eine „Verhäuslichung" zu beobachten, sie führt zwangsläufig zu isoliertem Solo-Spiel, meist einförmige Druckknopfspiele bzw. Medienspielzeuge werden favorisiert. Immer mehr findet die Spielwelt des Kindes in pädagogisch organisierten Räumen statt, wo Eltern und Erzieher versuchen Mangelerscheinungen auszugleichen unter Verwendung vielseitiger Erfahrungsspielräume, fantasieanregender Spielmaterialien und kommunikativer Spielimpulse.

Heutige Kindertageseinrichtungen sind, entsprechend ihrer jeweiligen konzeptionellen Ausrichtung, in unterschiedliche Spielzonen aufgeteilt. Sie verfügen über Spielbereiche drinnen und draußen, anpassungsfähige Spielfunktionsräume in denen Kinder unbehindert agieren können und berücksichtigen natürlich die spezifisch kindlichen Wahrnehmungs- und Bewegungsbedürfnisse. Bei der Ausstattung und Gestaltung der Spielräume und Spielzonen werden Kinder beteiligt. Indem sie ihre Spielplätze selbst arrangieren, eignen sie sich Räume an, verändern sie und hinterlassen Spuren. In selbstgestalteten Räumen fühlen Kinder sich am wohlsten, hier können sie ihren Spielbedürfnissen nachgehen.

Die Beliebtheit sowie ausgiebige Benutzung der verschiedenen Spielbereiche wird dabei durch ausgiebige, ungestörte Spielzeiten erreicht. Unnötige Ablenkungen oder Spielunterbrechungen verhindern bekanntlich intensives Spiel und verleiten zur Oberflächlichkeit. Mit Hilfe eines flexibel geregelten Tagesablaufs werden Störungen von außen vermieden, wobei gemeinsame Absprachen die Akzeptanz der Regeln erhöhen. Manchmal lassen sich auch Elemente des Tagesablaufs in das Spiel integrieren, nämlich dann, wenn zum Beispiel der Gruppenraum mit Tischen, Stühlen, Decken, Tüchern in einen Urwald umfunktioniert wurde, findet das gemeinsame Frühstück eben als Picknick auf dem *Urwald-Fußboden* statt.

Bei dem Konzept „Waldkindergarten" stehen den Kindern Wald, Wiese, Bachlauf, Gehölz, u.a.m. als Naturspielraum zur Verfügung. Innerhalb abgesteckter Begrenzungen und ausgestattet mit wettergerechter Kleidung können die Kinder konzentrierte Naturerfahrungen sammeln sowie ihren Bewegungsdrang intensiv ausleben. Eine gesunde Entwicklung, Mut und Vertrauen in die eigenen Fähigkeiten, Stärkung des Gemeinschaftsgefühls sind die Folge.

1.3 Spielmaterial und Spielformen

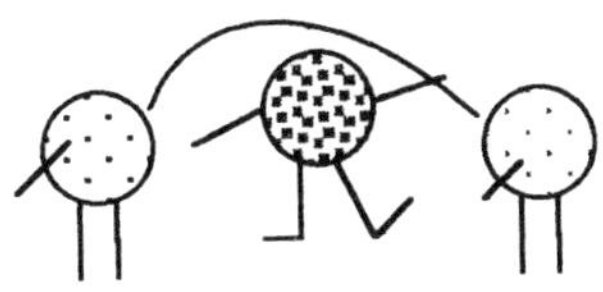

Die gängige Behauptung *„Kinder brauchen Spielzeug"* kann umgekehrt werden und in der ebenfalls allgemein bekannten Fragestellung münden *„Brauchen Kinder Spielzeug?"*

Sicher brauchen Kinder Gegenstände für die gesunde Entwicklung ihrer Spieltätigkeit, aber, welches *„Zeug"* soll es sein? Alles Spielzeug entfaltet Aufforderungscharakter und weckt kindliche Spielbedürfnisse, ob es sich dabei um animierte Spielzeugwünsche (durch Verpackung, Werbung, Gruppendruck, Einfluss der Erwachsenen, u.a.m.) handelt oder um ein echtes Bedürfnis der Kinder, ist oft schwer zu unterscheiden. In der praktischen Anwendung entwickelt manchmal ein Gelegenheits- oder Saisonspielzeug die Merkmale eines Dauerspielzeugs und auch umgekehrt. Kriterien für eine verantwortungsvolle Auswahl des richtigen Spielzeug werden in verschiedenen Publikationen veröffentlicht (z.B. Stiftung Warentest, Ausschuss „Gutes Spielzeug"). Ausschlaggebend für die Spielzeugwahl sollten aber immer der Spielentwicklungsstand und die Spielgewohnheiten der Kinder sein, um negative Wirkungen zu vermeiden. Erkennbare Auswirkungen von Spielzeugmangel sind z.B. Erfahrungsdefizite, unterentwickelte Fähigkeiten und Fertigkeiten und erkennbare Auswirkungen von Spielzeugüberfluss sind z.B. häufiger Wechsel des Spielmaterials, Ausfall erhoffter Befriedigung, mangelhafte Konzentration und Ausdauer, Flucht vor Schwierigkeiten, Resignation bei Leistungsforderungen. Genau betrachtet bietet ungeeignetes Spielzeug den Kindern meist nur kurze Spielfreude, der Spielreiz ist bald erloschen und Kinder empfinden Langeweile. Uninteressant gewordenes Spielzeug erfährt nach einer Weile Mißachtung oder es wird entsprechend der kindlichen Spiellaune umfunktioniert und spielzweckentfremdet benutzt. Dieses kindertypische Verhalten kann durch Impulse zusätzlich verstärkt werden. Kinder entwickeln auf diese Weise neue, fantasievolle Spiele. Aktuelle Identifikationsfiguren aus Kinofilm, Videofilm oder Fernsehen wie Action-Monster, Barbie-Schönheiten oder andere zweifelhafte Helden gewinnen mit anderen Spielinhalten in den Rollenspielen einen neuen Charme, wenn beispielsweise *„Superman sich bei der Rettung von Sailor-moon schwer verletzt und im Krankenhaus liebevoll von den Außerirdischen getröstet wird, weil er ängstlich nach seiner Mama weint."*

Entsprechend der entwicklungsspezifischen Spielstufen stehen Kindern in Kindertageseinrichtungen in der Regel eine große Vielfalt ausgesuchter Spielmaterialien zur Verfügung, wie z.B. ausgewählte Puppen, eine Verkleidungskiste für Rollenspiele, ausreichende Anzahl an Bällen, Reifen, Rädern, etc. für Bewegungsspiele, entsprechendes

Material zum malen, bauen, konstruieren, etc. und unterschiedliche Arten und Typen von Bilderbüchern. Spätestens mit Eintritt in den Kindergarten lernen Kinder den Unterschied zwischen eigenem und fremdem, privatem und öffentlichem Spielzeug kennen. Sie erfahren, dass die Eigentumsverhältnisse und konzeptionelle Vereinbarungen über Zugang und Verfügbarkeit eines Spielzeugs entscheiden und nicht das eigene Spielbedürfnis. Dieser Sachverhalt wird von Kindern häufig nicht verstanden, folglich reagieren sie mit Gefühlsausbrüchen oder Regelüberschreitung. Über Alternativen müssen dann alle Beteiligten gemeinsam nachdenken.

Das Konzept „Spielzeugfreier Kindergarten" verzichtet auf vorgefertigtes Spielzeug. Zugängliche und vorhandene Alltagsmaterialien werden dabei von den Kindern auf kreative Weise in Spieltätigkeiten einbezogen, dabei nutzen sie die Vorzüge räumlicher Gegebenheiten und die Eigenarten vorgefundener Bedingungen. Dank ihrer Vorstellungskraft, und noch in der Phase des magischen Denkens verhaftet, entwickeln Kindergartenkinder gemeinsam, nach kurzer Eingewöhnungszeit, auch ohne zweckbestimmtes Spielzeug ausgiebige Funktions-, Bewegungs- und Rollenspiele.

1.4 Spielangebote

Der Wissens-, Forscher- und Bewegungsdrang ist bei fast allen Kindern aller Kulturen sehr ausgeprägt. Kinder sind neugierig und wollen von Anfang an mit all ihren Sinnen die Welt wahrnehmen. Sie probieren aus, experimentieren, erforschen, sie wollen Neues kennenlernen, entdecken und ergründen, sie wollen wissen wie etwas funktioniert. Dabei sind sie an technischen Dingen genauso interessiert wie an der Natur und stellen Sinnfragen wie „Wo wohnt der liebe Gott?" „Haben Ameisen Angst?" Gibt es Wolkenkinder?" „Warum fällt das Flugzeug nicht runter?" Kinder erwarten dabei nicht unbedingt kenntnisreiche Antworten der Erwachsenen, sondern sie möchten auch ihre Haltung und Ansicht hören, um eine eigene Sicht der Dinge zu entwickeln. Entsprechend ihrer Ausdrucksmöglichkeiten im Kommunikations-, Gestaltungs- oder Rollenspielbereich, erzählen, malen und bereiten sie in ihren Spielen auf, was ihnen wichtig erscheint.

Wohlmeinende Absichten der Eltern verplanen oft die Zeit des Kindes und es hetzt von einer Attraktion zum nächsten Höhepunkt, nimmt hier an einem Schwimmkurs teil, geht dort zum Ballettunterricht, spielt ein wenig und sitzt vorm Fernseher. Dagegen sind andere Kinder außerhalb der Tageseinrichtungen oft alleine, sie streunen und wirken beziehungslos, weil keiner Zeit für sie hat oder sich mit ihnen angemessen beschäftigt.

Auch wenn ausreichende Spielbedingungen vorherrschen, können unterschiedliche Ursachen das Kind blockieren kreativ tätig zu sein und echte Spielfreude zu empfinden. Außerdem ist nicht jedes Kind in der Lage fantasievolles Spiel zu entwickeln. Spielangebote wie Spielimpulse können Kindern weiter helfen, besonders dann, wenn sie an Bedürfnisse, Interessen und Erlebnisbereiche der Kinder anknüpfen, einfach strukturiert sind, einen Wiedererkennungseffekt haben und vor allem Spaß bereiten. Aktuelle Anlässe, Bilderbuchgeschichten, Fernsehsendungen, Feste und Feiern können Anreiz sein für die gemeinsame Planung und Durchführung von Projekten, Spielketten oder Spielaktionen.

Bei allen Spielangeboten ist allerdings grundsätzlich zu beachten, dass für Kinder im Kindergartenalter gemeinsame Spielerlebnisse und ganzheitliche Spielerfahrungen das Ziel sind und nicht Wettbewerb oder die bloße Aneignung oder Beherrschung bestimmter Methoden und Techniken. Außerdem sollten alle an der Erziehung Beteiligten den Kindern Zeit und Raum lassen sich zu entwickeln. Dabei sollte der Wechsel zwischen dem Tätigkeitsdrang und dem Bedürfnis nach Rückzug respektiert werden.

2 Eine Reise in das Land der tausend Spielmöglichkeiten

Spielketten und Spielaktionen – ein ganzheitliches Spielerlebnis im Kindergarten

„Ich wär wohl jetzt mal der gefährliche Löwe und du müsstest mich fangen!“ So oder so ähnlich begegnen sich Kinder in der Welt der Rollenspiele.

Kinder verfügen über die Möglichkeit sich in eine Fantasiewelt hineinzuversetzen, die sie gleichsam als Realität erleben. Hier können sie Rollen übernehmen, die ihnen auf Grund ihrer noch begrenzten Fähigkeiten im wirklichen Leben momentan noch verschlossen blieben. So verfolgen sie etwa als mutige Urwaldforscher die Spur eines unbekannten Wesens, müssen die hilflosen Zwerge aus der Gefangenschaft eines Riesen befreien oder eine gemeinsame Lösung finden, um die Tiere vor dem gefährlichen Hochwasser zu retten.

Spielketten und Spielaktionen entsprechen dem kindlichen Bedürfnis nach ganzheitlicher Spielentfaltung, besonders im Kindergarten. In der Form einer Spielgeschichte oder Rahmenhandlung werden bekannte, abgewandelte und neue Spiele miteinander verbunden. Spielketten und Spielaktionen haben ähnlich einer Geschichte einen Anfang, einen Höhepunkt und einen Abschluss.

In der Spielgemeinschaft mit anderen lernen Kinder, sich mitzuteilen, sich sozial zu verhalten und Konflikte und Probleme zu bewältigen. Durch die gestellten Spielaufgaben in den Spielketten und Spielaktionen sind sogar die sozialisationsschwachen Kinder bereit, besonders schwierige Verhaltensweisen zu übernehmen, wie zum Beispiel Einordnung, Rücksichtnahme, Hilfsbereitschaft, Fairness, Toleranz.

Da auf Wettbewerbsspiele verzichtet und konkurrenzarme bzw. kooperative Spiele bevorzugt werden, verdeutlicht sich die emanzipatorische Bedeutung der Spielketten und Spielaktionen, das gleichberechtigte Miteinanderspielen steht im Vordergrund. Die Kinder entwickeln eigene Ideen und Vorstellungen, die sie in den Spielketten und Spielaktionen mit einbringen können, so dass ihre Spontanität, ihr selbständiges und kreatives Denken und Handeln gefördert wird. Kooperative Spiele ermutigen auch die Schwächeren. Konkurrenzspiele dagegen stärken nur die Sieger, bzw. die Kinder, die schon genug Durchsetzungsfähigkeit besitzen.

Spielketten und Spielaktionen orientieren sich an dem Bewegungsbedürfnis des Kindergartenkindes. Die Einbindung von Lauf- und Fangspielen, Kreisspielen, Sing- und Tanzspielen, unter Berücksichtigung des ersten Regelverständnisses, vermitteln Spaß an körperlicher Bewegungserfahrung. Besonders rhythmisierte Bewegungen wie Hüpfen, Springen und Tanzen sind für Kinder dieser Altersstufe eine Herausforderung, ihre Körperbewegungen immer genauer einzusetzen.

Im Umgang mit Bewegungsgeräten, wie zum Beispiel Ball, Rollbrett, Schwungtuch oder Seil, aber auch mit alltäglichen Materialien, die sich fantasievoll bewegen lassen, wie Luftballons, Zeitungspapier, Kartons oder Handtüchern, erproben die Kinder ihre wachsende Körpergeschicklichkeit, die ihr Selbstbewußtsein stärkt und zu innerer Bewegtheit führt. Ausgelassene Tobespiele gehören ebenso dazu wie ruhige Spiele, die wieder zur ausgleichenden Entspannung führen.

Durch die besondere Gestaltung der Spielräume, ob drinnen oder draußen, vermitteln Spielketten und Spielaktionen individuelle Eindrücke und Raumerlebnisse, die das Kind in seinem alltäglichen Umfeld zum größten Teil kaum noch erfahren kann. Da wird der Bewegungsraum mit Seilen, Tüchern und Strickleitern zur bunten Zirkusarena, das Außengelände des Kindergartens zu einem abenteuerlichen Dschungel oder der Flur mit Hilfe von schwarzer Folie und Leuchtsternen zu einer geheimnisvollen Galaxie. In der selbständigen Auseinandersetzung mit Materialien und neuen Räumen erlangt das Kind Umweltkenntnisse, begreift Zusammenhänge, gewinnt Sicherheit und Zutrauen, sich an neue unbekannte Situationen und Herausforderungen heranzuwagen.

2.1 Was ist eine Spielkette ?

Spielketten vermitteln Kindergartenkindern eine ganzheitliche Spielerfahrung, da die Spiele nicht willkürlich zusammengestellt sind, sondern in einem thematischen Kontext stehen und ein pädagogisches Ziel verfolgen. So kann eine Spielkette die Integration neuer Kinder in der Gruppe zum Ziel haben, die Entwicklung kooperativer Fähigkeiten oder die kreative Auseinandersetzung mit Alltagsmaterialien. Bei einer Spielkette reihen sich mehrere Spiele wie einzelne Perlen zu einer Kette aneinander, eine Geschichte oder Rahmenhandlung verbindet sie miteinander. Jedes Spiel in der Kette baut auf das vorhergehende auf, wobei einzelne Elemente wieder aufgegriffen, neue Schwierigkeiten eingebaut oder die Spielgeschehnisse fortgeführt werden können. Einzelne Kettenelemente sind zwar austauschbar, aber die Reihenfolge keineswegs beliebig, da der Aufbau zielgerichtet geplant wird. Spontane Situationen oder aktuelle Anlässe, die die Spielgruppe betreffen, sollten jedoch aufgegriffen und berücksichtigt werden.

Spielketten sind besonders für Kindergartenkinder geeignet, da der Spielaufbau ihrer Spielfähigkeit und ihrem Spielverständnis entspricht, außerdem wird die Spielfolge Schritt für Schritt gemeinsam mit der Spielleiterin in der Gruppe durchgeführt.

Die Anzahl der Mitspieler ist immer abhängig von der Zielsetzung, den räumlichen und personellen Gegebenheiten sowie der jeweiligen Gruppenstruktur. Empfehlenswert ist eine Gruppenstärke von 10–20 Kindern. Die zeitliche Dauer der Spielketten muss die bereits genannten Faktoren berücksichtigen. Die hier ausgearbeiteten Spielketten gehen von einer Richtzeit von ca. 45–60 Minuten aus, wobei vorbereitende Maßnahmen, wie z. B. Umkleiden, Raumgestaltung, der Einsatz von Alternativspielen sowie Spielauswertungen nicht zur angegebenen Planzeit gehören.

Aufbau einer Spielkette

Simultanspiele in der Einstiegsphase

Zu Beginn einer Spielkette sollten Spiele gewählt werden, die wenig Unsicherheiten und Ängste hervorrufen. Dazu gehören Spiele, die den Kindern bekannt sind, eine leicht verständliche Spielregel beinhalten oder das Spielergebnis unmittelbar verdeutlichen.

Die Sozialisations- und Gruppierungsform (z. B. Kreis) sollte den Kindern zu Anfang vertraut sein. Simultanspiele, Spiele, bei denen alle Mitspieler gleichzeitig spielen, erleichtern den Einstieg. Spielhemmungen treten seltener auf, da die Kinder inmitten anderer Gruppenmitglieder sich unbeobachteter fühlen.

Spiele, bei denen einzelne selbständig Ideen entwickeln oder den anderen etwas vorführen müssen, sollten in der Einstiegsphase vermieden werden

Beispiele: Die Spielleiterin beginnt mit einem ***Begrüßungs-*** oder ***Kontaktspiel (Warming-up).*** Musik spielt. Alle Kinder laufen im Raum umher. Immer wenn die Musik abbricht, wird eine Begrüßungsform oder ein Impuls ausgeführt.

- Wir sind Flugzeuge und fliegen über…
- Wir landen, steigen in unser Auto und fahren über die Autobahn bis…
- Wir biegen ab. Fahren ganz langsam durch eine Spielstraße und kommen zum Kindergarten.
- Wir schütteln jedem die Hand.
- Wir begrüßen uns wie die Indianer.
- Wir begrüßen uns, indem wir uns gegenseitig auf die Schulter klopfen.

Wurden bei einzelnen Kindern zuvor Berührungsängste oder auffälliges Verhalten beim Körperkontakt beobachtet, so sollten intime Begrüßungsformen (z. B. Nase an Nase, Po an Po) zunächst vermieden werden.

Die Spielleiterin erzählt eine selbst erfundene ***Geschichte***. Zum Beispiel von einem kleinen Gespenst, das in dem Schloss des alten Zauberers Zickezacke gefangengehalten wird und das die Kinder nun gemeinsam befreien sollen. Um zu diesem Schloss zu gelangen, müssen alle über den steinigen Weg (beim Gehen die Füße sehr hochheben), an der Friedhofsmauer entlang (an der Wand entlang schleichen), über eine schmale Holzbrücke (über Tische oder umgedrehte Bänke balancieren) und durch eine dunkle Höhle (durch einen Stofftunnel kriechen). Auf ihrem abenteuerlichen Weg machen sich die Kinder mit einem skandierten Spruch gegenseitig Mut: *Wir können grimmig gucken!* (Grimasse schneiden) *Wir sind mutig und stark!* (Muskeln zeigen) *Und wir haben keine Angst, denn wir sind ganz viele, Uh!* (rufen und mit dem Fuß aufstampfen).

Die Spielleiterin beginnt mit einem bewegten ***Fingerspiel***, einer ***Mitmachgeschichte*** oder einem ***Kreisspiel***, um den Blickkontakt zu allen Kinder herzustellen und die Aufmerksamkeit und Konzentration auf das bevorstehende Spielgeschehen zu lenken. Zum Beispiel:

- Da oben auf dem Berge 1, 2, 3
- Denkt euch nur, der Frosch war krank
- Bella Himmelblau
- Kladde-ri, Kladde-ra, Kladde-ratsch
- Kommt wir machen eine Reise

(Spielbeschreibungen siehe: Spielesammlung).

Partner- und Kleingruppenspiele in der Aktionsphase

Nach bekannten oder einfachen Simultanspielen kann nun die Schwierigkeit gesteigert werden. Alle Mitspieler sind eingestimmt, haben Spaß am Spiel und wollen nun gefordert werden. Damit ein Spannungsbogen entsteht, sollte die Spielkette mit einem Partnerspiel fortgesetzt werden, das erleichtert es den Kindern, sich zunächst nur auf einen Mitspieler zu konzentrieren. Es folgen Kleingruppenspiele, die in der Sozialisation und Kooperation höhere Anforderungen an die Kinder stellen, da es schwieriger ist, sich auf mehrere Mitspieler einzustellen.

Von der Dynamik her sollte die Spielreihenfolge in der Aktionsphase möglichst Spannung und Entspannung bieten, das heißt, bewegungsreiche und ruhige, konzentriertere Spiele stehen in einem harmonischen Wechsel.

Bei den Spielen ist darauf zu achten, dass keine längeren Wartezeiten für die Kinder entstehen, z. B. wenn die Kinder hintereinander in einer Schlange stehen müssen, um darauf zu warten ihre Spielaufgabe zu erfüllen. Wartezeiten bedeuten für das untätige Kind Langeweile und Abfallen der Spiellust, was häufig zu Konflikten, Aggressivität oder sogar Spielabbruch führt.

Spiele, die in ihrer Spielregel so angelegt sind, dass Kinder ausscheiden müssen, sollten in den Spielketten nicht verwandt werden. Unausgesprochen ist das eine Form des Verlierens und führt die ohnehin schon leistungsschwächeren Kinder zur Isolation und Ausgrenzung. Die Kinder verlieren ihre Spielmotivation und sind frustriert, so dass sie in der nächsten Spielrunde ihre Teilnahme verweigern. Viele herkömmliche Auscheidungsspiele lassen sich jedoch einfach und schnell abschwächen oder verändern, wie z. B. *Feuer – Wasser – Sturm.*

Herkömmliche Spielregel:
Die Kinder laufen im Raum umher. Bei dem Signal *Feuer* legen sich alle auf den Boden, bei dem Signal *Wasser* suchen sich alle einen erhöhten Gegenstand, bei dem Signal *Sturm* stellen sich alle an eine Wand. Reagiert ein Kind als letztes, scheidet es aus.

Spielvariante: Alle spielen bis zuletzt, keiner scheidet aus. Oder das ausgeschiedene Kind gibt das Signal für die nächste Spielrunde und kann danach weiter mitspielen. Oder die Kinder erfinden bei den jeweiligen Signalen eigene Bewegungen, z. B. bei *Feuer* über den Boden rollen, bei *Wasser* Schwimmbewegungen u. a. m.

Anregungen zur Bildung von Paaren und Kleingruppen

Da die Paar- und Kleingruppenbildung meist eine Sympathiefrage ist, können mögliche Konflikte und Probleme vermieden werden, wenn Kinder spielerische Entscheidungshilfen bekommen.

- **Puzzleteile – Memorykarten – Lottokarten**

Jedes Kind bekommt ein Teil bzw. eine Karte und muss das passende Teilstück dazu finden.

- **Gleiche Farben**

Luftballons, Tücher, Farbkarten o. ä. werden in der Farbauswahl so an die Kinder verteilt, dass die Zahl der entsprechenden Farbe jeweils eine Gruppe bildet.

- **Fäden ziehen**

Die Spielleiterin hält ein Bündel Fäden so in der Hand, dass jeweils etwa die Hälfte eines Fadens zur einen bzw. zur anderen Seite herausragt, ohne dass erkenntlich ist, welcher Faden auf der einen Seite Verlängerung des Fadens auf der anderen Seite ist. Jedes Kind zieht nur an einem Fadenende und „hängt“ nun an seinem Partner.

- **Wem gehört der Schuh?**

In einem Stoffsack ist von jedem teilnehmenden Kind ein Schuh. Die Kinder ziehen mit geschlossenen Augen nacheinander einen Schuh und finden so ihren Partner.

Beispiele:

Bewegungsreiche Partnerspiele

- Insel hüpfen
- Schifffahrt
- Brüderchen fangen
- Kriech durch
- Kürbistragen

Ruhige Partnerspiele

- Begrüßungsrahmen
- Höhlenführer
- Haustierkonzert
- Harung suchen
- Spiegelpantomime

Bewegungsreiche Kleingruppenspiele

- Kaugummi – Monster
- Elefantenspiel
- Hängematte
  Familie Tier

Ruhige Kleingruppenspiele

- Gluckerbauch
- Figurenpuzzle
- Schnupperblumen
- Wüstenmusik

(Spielbeschreibungen: siehe Spielesammlung)

Abwechslungsreiche Partner- und Kleingruppenspiele werden geschickt in die Spielgeschichte eingebunden und mit fließenden Übergängen zum Höhepunkt der Spielkette geführt.

Höhepunkte der Spielkette

Spiele, die erhöhte Anforderungen an die Körpergeschicklichkeit, Sozialisationsfähigkeit, Konzentration und Kreativität der Kinder stellen, bilden den Höhepunkt der Spielkette.

Beispiele: **Gestaltungsspiele**

Im Rahmen der Spielgeschichte bekommt die Gruppe die konkrete Aufgabenstellung aus vielerlei Materialien, wie z. B. Decken, Tücher, Kissen, Seile, Matten, Stäbe, Reifen, Kartons usw. ein Fahrzeug (Schiff, Eisenbahn, Flugzeug, Floß), eine Unterkunft (Höhle, Hütte, Burg, Schloss) oder einen besonderen Ort (Zirkus, Zoo, Spielplatz, Hindernis-Parcours) zu gestalten. In der handelnden Auseinandersetzung mit unterschiedlichen Materialien müssen die Kinder im Team Absprachen treffen und Ideen entwickeln, um zu einem gemeinsamen Ergebnis zu kommen.

Großgruppenspiele

Das Schwungtuch (Fallschirm, doppeltes Bettlaken, Gardine, feste Plastikfolie, Gartennetz) ist ein lebendiges Spielmaterial, das alle Spielteilnehmer mühelos einbezieht und Bewegungen und Spielfreude stimuliert.

- Wind und Wellen machen
- Bälle, Luftballons, Stofffiguren hochwerfen, auffangen

- Kinder, die an den gleichen Farbsegmenten das Tuch festhalten, wechseln die Plätze
- Iglu-Spiel: Tuch über den Kopf, hinter den Po ziehen und drauf setzen
- Krokodil-Spiel: Das Krokodil ist unter dem Tuch. Das Tuch wird kurz über den Boden gehalten und heftig bewegt. Der oder die Krokodilfänger versuchen auf dem Tuch laufend das Krokodil zu fangen.

Bewegungsspiele und Tänze mit der Gesamtgruppe fordern eine ebenso schnelle Reaktionsfähigkeit, Konzentration und Körpergeschicklichkeit der einzelnen Mitspieler, als auch engen Körperkontakt im kooperativen Zusammenspiel aller Beteiligten, ohne Wartezeiten und Ausscheidungen, wie z. B.:

- Bienenstich
- Steg über den Sumpf
- Himbeerwaldreise
- Nachtgespensterboogie
- Echsentanz

(Spielbeschreibungen s. Spielesammlung).

Darstellungs- und Vorführspiele

Bei den Darstellungsspielen schlüpft das Kind in eine andere Rolle, in der es durch Mimik und Gestik seine Stimme und Gefühle zum Ausdruck bringen kann. Vorführspiele stellen an das Kind höhere Anforderungen, da es seine Vorstellungen und Ideen kreativ umsetzen muss, um sie der Gesamtgruppe zu präsentieren. Durch das Sprechen, Spielen und Vormachen vor Zuschauern erlangt es Erfolgserlebnisse, die sein Selbstbewußtsein stärken, wie z. B.:

- Blumen wachsen
- Fantadu-Sand
- Figuren schleudern
- Namensecho
- Gesichter weitergeben

(Spielbeschreibungen s. Spielesammlung).

Abschlussphase:
Mit dem Höhepunkt der Spielkette ist für die Kinder der höchste Punkt im Spannungsbogen erreicht, so dass nun ruhige Spiele zur Entspannung und zum Ausklang folgen.

Beispiele: **Entspannungsspiele**
In einer entspannten Körperhaltung (liegend oder sitzend) kann sich die Atmung beruhigen und die körperliche Anspannung. lösen. In einer Gedankenreise können sich die Kinder noch einmal an die vergangenen Erlebnisse in der Spielkette erinnern, aber auch neue Vorstellungen und Fantasien entwickeln, wie z. B.

- Wettermassage
- Schaumkronentanz
- Tierträume
- Fantadu-Bach
- Rückenklavier

(Spielbeschreibungen s. Spielesammlung).

Ruhige Simultanspiele

- Dabei können auch Spiele aus der Einstiegsphase eingesetzt werden, um die Spielgeschichte abzurunden und um die Spielenden zum Ausgangspunkt zurückzuführen.
- Ein gemeinsames Essen ist eine weitere Möglichkeit die Spielkette ausklingen zu lassen, z. B. das Verspeisen des gefundenen Schatzes, Einladung zum Festmahl des Prinzen oder Bärenschmaus in der Waldhöhle. In einem lockeren Gespräch können die Kinder dabei von den Ereignissen berichten und Spieleindrücke und -erfahrungen austauschen.
- Ein Abschlusslied oder Ritual, bei dem die Kinder gleiche Bewegungen zum Text ausführen, steht als Zeichen dafür, dass die Spielkette zu Ende ist, z. B.
  Seht einmal die (Kinder) gehen, (Kinder) gehen, (Kinder) gehen,
  Seht einmal die (Kinder) gehen, alle sind schon weg.
  (Riesen / Zwerge / Hexen / Bären usw.).

2.2 Was ist eine Spielaktion?

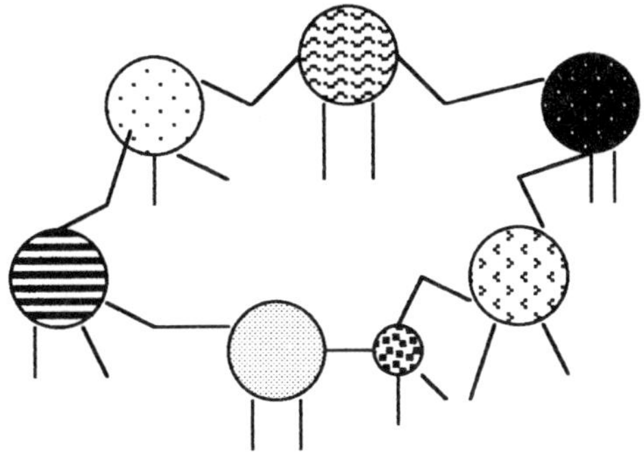

Eine Spielaktion ist eine Folge von Spielen und Aktivitäten in einem festgelegten Rahmen, der auf bestimmte Ziele oder Themen, einzelne Zielgruppen und begrenzte Aktionsfelder abgestimmt ist. Die Spielaktion unterscheidet sich von der Spielkette dadurch, dass sie in der Regel materialintensiver ist, das Spielumfeld mit einbezieht oder den Spielort stärker verändert, einen größeren Zeitaufwand zur Vorbereitung benötigt und mehrere Spielleiter und Helfer mitwirken. Der Ablauf der Spielaktion weist deutliche Parallelen zur Spielkette auf, deren Spielelemente auf die Spielaktion übertragbar sind.

Im Kindergarten lassen sich Spielaktionen mit Eltern, Großeltern, Nachbarn, Kindern und Erzieherinnen oder nur mit den Kindern und den Erzieherinnen durchführen. Der Aufwand, lohnt sich, denn eine Spielaktion bietet allen Beteiligten neue Erlebnis- und Erfahrungsmöglichkeiten, z. B. in der neuen Entdeckung des umgestalteten Kindergartengeländes als „Insel Lummerland". Kinder und ältere Menschen lernen sich im und durch das Spiel kennen, ungewohnte Spielaktivitäten oder Spielmaterialien fördern die verlorengegangene Spielmotivation, Kontakte zu bisher fremd gebliebenen Kindergarteneltern werden hergestellt.

Die Planung und Vorbereitung einer Spielaktion im Kindergarten erfordert viel Platz und Material, sowie eine genaue Aufgabenverteilung unter den beteiligten Spielleitern und Helfern.

Als Spielraum können über den Kindergarten hinaus, je nach Ziel- und Themenschwerpunkt weitere oder andere Räume mit einbezogen werden, z. B. ein abgegrenztes Wald- oder Wiesenstück, die Spielstraße, der öffentliche Spielplatz, die Kirche oder das Gemeindehaus, der Bauernhof.

Um Kindergartenkinder in ihrer physischen und psychischen Konstitution nicht zu überfordern ist für den zeitlichen Ablauf einer Spielaktion eine Dauer von 3–5 Stunden zu empfehlen. Spielaktionen mit älteren Kindern können hingegen länger dauern, als Spielprojekte (z. B. *Leben im Mittelalter* oder *In einem Indianerdorf)* sogar über mehrere Tage.

Mögliche Strukturen für Spielaktionen

StationenSpiel

Mehrere Spielstationen werden parallel nebeneinander angeboten. An jeder Spielstation steht ein Spielhelfer, der Tipps gibt, Hilfestellungen leistet, für Ordnung und Material sorgt. Die Spieler können sich frei entscheiden wann und wo sie agieren wollen. Entstehen an einer Spielstation Wartezeiten, kann zwischenzeitlich eine andere Station aufgesucht werden. Bei dem Stationenspiel empfiehlt es sich, weitere Angebote zu machen, wo wartende, fertige oder momentan inaktive Spieler eine Pause einlegen können, z. B. ein Erfrischungsstand, eine Lese- oder Informationsecke, eine Malwand, ein Spielzeugtrödelstand o. ä.

Das Stationenspiel eignet sich am besten für Kindergartenfeste oder einem Tag der offenen Tür.

Maifest

1. **Puzzle-Station:** Ein Riesenmaikäfer muss zusammengepuzzelt werden.
2. **Schmeck-Station:** Aus verschiedenen Getränken muss Waldmeister herausgeschmeckt werden.
3. **Wurfspiel:** Auf einem Stoff ist ein Marienkäfer appliziert, dem Klettbälle als Punkte anhaften sollen.
4. **Pflanzstaffel:** Der Erwachsene schiebt das Kind in der Schubkarre zu einem Beet. Dort setzt das Kind eine Pflanze in die Erde. Danach werden 3 Löffel Wasser zum Gießen herangetragen. Der Erwachsene bringt das Kind in der Schubkarre zum Start zurück.
5. **Angelstation:** Aus einem Kinderschwimmbecken mit Wasser müssen Plastikfrösche mit einem kleinen Kescher (Kaffeesieb mit Stab) gefischt werden.

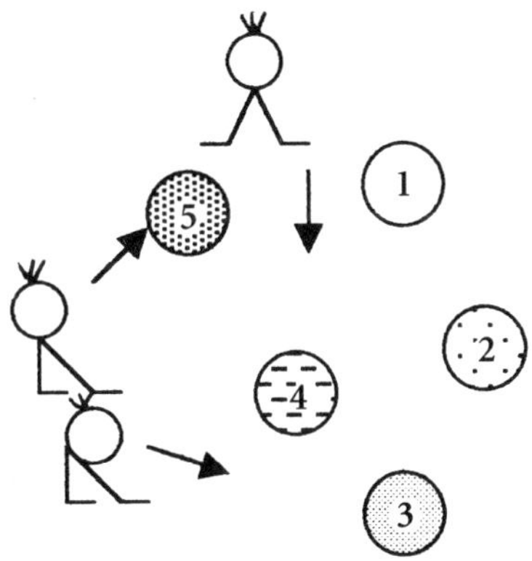

RingSpiel

Ähnlich dem StationenSpiel gibt es auch bei dem RingSpiel mehrere Spielpunkte, die allerdings von allen Mitspielern in Kleingruppen nacheinander aufgesucht werden. Beim RingSpiel mit Kindergartenkindern wird jede Kleingruppe mindestens von einem Erwachsenen begleitet, der beim Auffinden der Spielstationen hilft und unterstützend mitwirkt. Um alle Kinder aktiv einzubinden sollten die Kleingruppen nicht zu groß sein, ca. 5–8 Kinder.

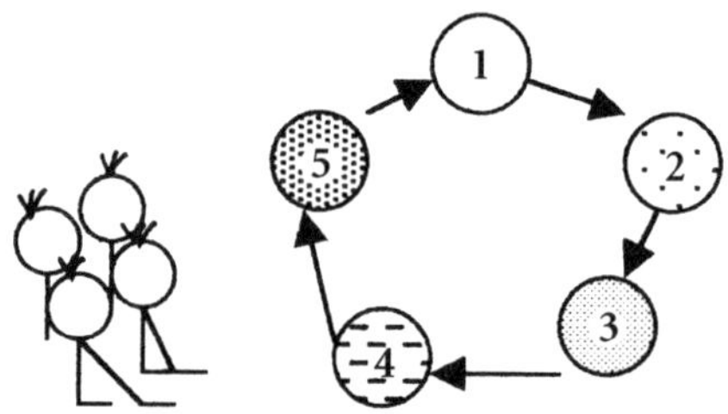

Rund um den Kindergarten

Die Kleingruppen sind mit Malstiften und Papier ausgerüstet. Markierungen erleichtern das Auffinden der Stationen. Die Aufgaben sind an den Stationen versteckt.

1. **Bäckerei:** Aus Brötchentüten für jeden einen Hut herstellen.
2. **Kirche:** Alle Fenster zählen. Ein Kirchenfenster abmalen.
3. **Supermarkt:** Was ist am Billigsten?
4. **Spielplatz:** Im Sandkasten gemeinsam etwas bauen. Nach einem vergrabenen Schatz suchen.
5. **Bücherei:** Ein Bilderbuch vorlesen und ausleihen.

RallyeSpiel

Das RallyeSpiel beginnt wie die Spielkette mit einem gemeinsamen Einstiegsspiel durch die Spielleiter, um alle Beteiligten einzustimmen und auf das Spiel vorzubereiten. Danach bilden sich mehrere Kleingruppen, die verschiedene Spielstationen aufsuchen und sich zum Ende wieder zu einem gemeinsamen Abschluss zusammenfinden. Kindergartenkinder brauchen auch beim RallyeSpiel wieder den erwachsenen Begleiter.

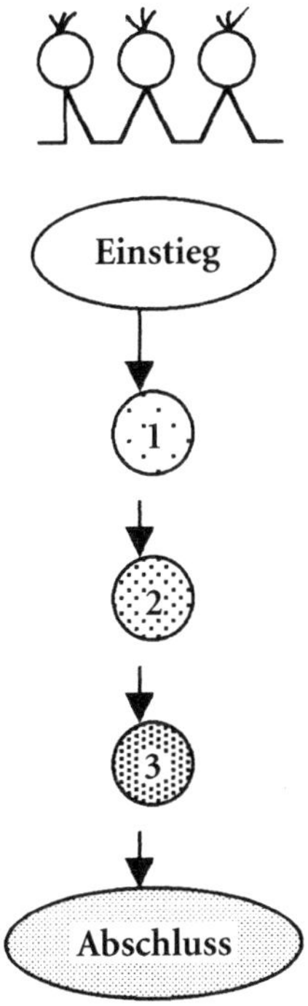

Seltsame Spuren

Im Kindergarten erzählt die Spielleiterin allen Mitspielern als **Einstieg** folgende Geschichte:
„Als ich heute morgen in den Kindergarten kam, sah ich überall merkwürdige Spuren. Aber ich konnte nirgendwo jemanden entdecken, der diese Spuren hinterlassen hatte. Wer könnte es gewesen sein? (Kinder mit einbeziehen: Raten, rufen, Lied singen.) Schaut mal, die Spuren führen genau in diese Richtung. (2. Spielleiterin hinter einer Leinwand, Projektionslicht geht an, Schattenumrisse eines Wesen) Wer bist du?“ „Ich bin Flohkatti und ich bin ganz traurig, ich habe alle meine Sachen im … verloren.“ „Sollen wir dir helfen sie wieder zu finden?“ „O, ja!“

Die Kleingruppen gehen in einem zeitlichen Abstand los. Die Spuren setzen sich außerhalb des Kindergartens fort. An den markierten Stationen liegen verschiedene Gegenstände, z. B. Wanderstock, Hut, Springseil, Taucherbrille, Ball, Handtuch etc. aus denen jeweils eins ausgewählt und mitgenommen wird.
An der
1. Station muss der Gegenstand in ein Spiel einbezogen werden;
2. Station wird zu dem Gegenstand ein Lied gedichtet;
3. Station wird der Gegenstand in einen Sketch eingebunden.
Der gemeinsame **Abschluss** findet wieder im Kindergarten statt, wo im Rahmen einer kleinen Feier alle Ergebnisse präsentiert werden. Selbstverständlich erhält Flohkatti seinen Besitz zurück!

2.3 Wie entsteht eine Rahmenhandlung oder Spielgeschichte?

Themen für Spielketten und Spielaktionen im Kindergarten orientieren sich an den Interessen, Bedürfnissen und entwicklungsbedingten Fähigkeiten der Kinder. Geplante Zielvorstellungen, wie z. B. Kooperation, Integration oder Kreativität müssen sinnvoll eingebunden werden und nur durch die aktive Auseinandersetzung im Spiel für Kinder erlebbar sein. Die Themeninhalte passen sich den aktuellen oder zukünftigen Lebenssituationen der Kindergartenkinder an, beziehen aber auch Medienerlebnisse mit ein, die bei den Kindern zum Teil nachhaltige Eindrücke hinterlassen., z. B. aus Fernseh-, Video-, Kinofilmen, Computerspielen, Hörmedien und Büchern.

Spielwelt und wirkliches Leben können nebeneinander stehen, denn, bedingt durch seine entwicklungspsychologische Eigenart, lebt das Kindergartenkind sowohl in einer magisch-fantastischen als auch in der realistischen Welt. Lernerfahrungen macht das Kind vorwiegend auf der Modell- und Erfahrungsebene, die Vermittlung von Inhalten ist nur zweitrangig.

Um ein Rahmenthema für eine Spielkette oder Spielaktion zu entwickeln, ist folgende Vorgehensweise möglich:

1. Schritt: **Thema ausdenken**

Mit einem Brainstroming beginnen und alle Ideen auf ein Plakat schreiben, danach evtl. Punkte vergeben, z. B.

Sommer	●●
Freunde	
Sailor Moon	●●
Polizei	
Reise nach Amerika	●
Wald	
Erde – Wasser – Feuer – Luft	●
Zirkus	
Bauernhof	●●●●
Formel 1 Rennen	●●

2. Schritt: **Ideen zum Thema sammeln**

Alle Ideen zu dem favorisierten Thema wieder auf einem Plakat sammeln. Zunächst nicht diskutieren oder beurteilen.

Pferde Stroh Milch
Schweine Brot backen säen Felder
Kühe Mist Bauer Stall
Trecker melken Regen
Butter stinkig Kornsäcke
Heuboden Schubkarre Weide

3. Schritt: **Ideen in Spiele umwandeln**

Bei einer Reihe von Ideen bieten sich die Spiele von selbst an. Bei anderen helfen Spielsammlungen oder Spielbücher. Mit kleinen Veränderungen und inhaltlicher Zielrichtung fügen sich die Spiele in das gewählte Themenkonzept ein. Bei der Zusammenstellung sollte eine abwechslungsreiche Spielfolge berücksichtigt werden.

– **Kühe / Schweine / Pferde**	= Spiel: Tierfangen
– **Butter**	= Spiel: Butterwiege
– **Schubkarre**	= Spiel: Schubkarrefahren
– **Regen / Stall**	= Spiel: mit dem Schwungtuch Wind erzeugen, Iglu bauen
– **Regen**	= Spiel: Wettermassage
– **stinkig / Milch**	= Spiel: Riechen und Schmecken

4. Schritt: **Spiele in eine Struktur bringen**

Die Wahl der passenden Spielstruktur richtet sich nach dem jeweiligen Thema, nach der Anzahl der Spielteilnehmer und nach den räumlichen, personellen und zeitlichen Gegebenheiten. Die Spiele sind thematisch durch eine Rahmenhandlung oder eine Spielgeschichte miteinander verbunden. Bei der Spielgeschichte ist auf eine gute Dramaturgie zu achten, die einen Spannungsbogen aufbaut, allmählich bis zum Höhepunkt führt und mit einem harmonischen

Ausklang endet. Ausgehend von den oben genannten Vorüberlegungen hat sich das Planungsteam für die folgende Ausführung entschieden: *Spielkette zum Thema Bauernhof.*

Ein Besuch bei Bauer Heini

Mitmachgeschichte als **Einstiegsspiel:**

- *Bauer Heini zeigt uns alle seine Tiere. Da sind die Kühe, die Schweine...*
  Die Kinder und die Spielleiterin machen die typischen Bewegungen und Laute der Tiere nach.
- *Wir müssen Bauer Heini bei der Arbeit helfen.*
  Partnerspiel: Schubkarre fahren.
  Partnerspiel: Butterwiege.
- *Danach müssen wir die Kühe auf die Weide bringen. Plötzlich bricht ein Bulle aus seinem Gatter aus. Er droht uns auf seine Hörner zu nehmen.*
  Bewegungsspiel mit der Gesamtgruppe: Tierfangen.
- *Ein Unwetter zieht auf. Es wird stürmisch.*
  Bewegungsspiel mit der Gesamtgruppe: mit dem Schwungtuch Wind erzeugen.
- *Es fängt an zu regnen. Wir suchen Unterschlupf im Stall.*
  Bewegungsspiel mit der Gesamtgruppe: mit dem Schwungtuch ein Iglu bauen.
- *Im Stall legen wir uns ins Heu und ruhen uns aus.*
  Entspannungsspiel zu zweit: Wettermassage.
- *Das Unwetter ist vorüber. Bauer Heini lädt uns zu einem leckeren Frühstück ein, aber wir müssen herausfinden, was es zu essen und zu trinken gibt.*
- **Abschlussspiel:** Riechen und Schmecken von Obst, rohem Gemüse und Getränken.

2.4 Wie verhält sich die Spielleiterin oder der Spielleiter?

Grundvoraussetzung für jeden Spielleiter ist: **Selbst gern und viel spielen!**

Was müssen Spielleiter können, um Spielketten und Spielaktionen im Kindergarten durchzuführen?

- Spielleiter besitzen selbst eine gute Spielfähigkeit. Sie sind frei von Spielhemmungen.
- Sie schätzen Situationen, Interessen, Bedürfnisse und Fähigkeiten der Kinder bei der Spielauswahl richtig ein.
- Sie planen rechtzeitig den Ort, die Spielzeit, das Spielmaterial und sorgen für die notwendige Aufgabenverteilung.
- Sie kennen genügend Spielliteratur, in denen sie nachschlagen können. Verfügen aber auch über ausreichende Spielkenntnisse für die verschiedenen Spiel- und Gruppensituationen, um sie jeder Zeit einzusetzen.
- Sie legen die Themen für Spielketten oder Spielaktionen fest und bringen die gesammelten Vorschläge in eine Struktur.
- Sie gestalten die Reihenfolge der Spiele angemessen, planen flexibel und halten Alternativspiele bereit.
- Sie können Spiele für die jeweilige Gruppe abwandeln, neue Spiele erfinden und bekannte schnell verändern.

Worauf müssen Spielleiter zu Beginn einer Spielkette oder Spielaktion achten?

- Spielleiter stellen, evtl. auch mit der Gruppe, eine ansprechende thematisch bezogene Spielatmosphäre her, d.h. Spielort verändern, umstellen, ausräumen, dekorieren.
- Sie nehmen Kontakt mit der Gruppe auf. Ist in der Einstiegsphase große Unruhe oder mangelnde Konzentration der Mitspieler zu bemerken, so können die Spielleiter versuchen, einige Tricks anzuwenden, z. B.

- sich deutlicher ins Blickfeld bringen, z. B. auf einen Stuhl steigen oder sich auf den Boden setzen, wenn die Mitspieler stehen.
- sich hörbar machen, z. B. durch Stimme, Trommel, Tamburin, Triangel, laute Musik abbrechen, flüstern.
- einfach anfangen.
- Material mitbringen.
- überraschend in einer Verkleidung auftreten.
- mit einer mitgebrachten Figur (Handspielpuppe) in einen Dialog treten.
- Im Tonfall und durch ihre Körperhaltung verdeutlichen sie, dass sie selbst Lust zum Spielen haben und motivieren zum Mitspielen, spielen die Gruppe aber nicht „an die Wand".
- Sie erkennen Spielhemmungen der Spieler und helfen diese zu überwinden, in dem sie sich z. B. als Spielpartner anbieten, erste Spielversuche positiv verstärken, Spielimpuls geben.
- Sie erklären die Spiele genau, selbstsicher und für Kindergartenkinder verständlich. Für diese Altersstufe ist es sinnvoller unbekannte Spiele anzuspielen oder vorzumachen. Jüngere Kinder können sich nur auf ihre bisherigen Spielerfahrungen stützen, das heißt, dass die Spielleiter daran anknüpfen müssen, um die gemachten Erfahrungen weiter auszubauen.

Was müssen die Spielleiter bei der Durchführung einer Spielkette oder Spielaktion berücksichtigen?

- Spielleiter fördern durch ihre eigene Zurückhaltung und Verwendung offener Spielformen die Eigenaktivität und Kreativität der Mitspieler.
- Sie verstärken das Spielverhalten der Gruppe verbal, aber auch nonverbal, durch Gestik und Mimik.
- Sie unterstützen Außenseiter.
- Sie sind geduldig, haben genügend Zeit und hetzen nicht.
- Sie gestalten den Spielverlauf abwechslungsreich.
- Sie reagieren souverän, wenn eigene Spielvorschläge nicht den Erwartungen der Gruppe entsprechen.
- Wenn möglich, beziehen sie Vorschläge der Gruppe in die Spielketten oder Spielaktionen mit ein.

- Sie reagieren angemessen, wenn einzelne Mitspieler aus dem Spielgeschehen aussteigen oder nicht mitspielen wollen; zwingen niemanden zum Mitspielen!
- Sie können improvisieren und haben Mut zu spontanen Veränderungen. Sie haben Alternativ- und Reservespiele parat.

Woran müssen Spielleiter nach einer Spielkette oder Spielaktion denken?

- Die Spielleiter reflektieren die Organisation, den Verlauf, die geplanten mit den tatsächlich erreichten Zielen, das Verhalten der Mitspieler und das eigene Spielleiterverhalten. Sie werten die Spiele aus und überlegen was beim nächsten Mal wiederholt oder anders gemacht werden kann, was fortgesetzt, vertieft oder erweitert werden soll.
- Medien, die zur Aufzeichnung der Spielketten und Spielaktionen eingesetzt wurden, z. B. Fotos, Videoaufnahmen oder Beobachtungsprotokolle, können die Spielauswertung erleichtern.

3 Spielketten und Spielaktionen zu thematischen Schwerpunkten in der Kindergartenarbeit

3.1 Ästhetik und Kunst

Kinder beobachten, malen, gestalten entsprechend ihrer Gestaltungs- oder Malentwicklung und sie verarbeiten dabei die Dinge, die nachhaltig bei ihnen wirken. Sie öffnen und zeigen dabei ihre „Innenwelt“ und stellen dadurch u. a. Verbindungen zu ihrer „Außenwelt“ her. Sie reflektieren und vertiefen sozusagen ihre Erfahrungen. Spontan, ohne festgelegte Lernprozesse und in freier Atmosphäre eröffnen sich ihnen in diesem Verlauf neue Erlebnisse und Eindrücke. Mittels vielfältiger Ausdrucksformen teilen Kinder sich ihrer Umwelt mit. Sinnliche Wahrnehmungsfähigkeit, Vorstellungsvermögen, Einbildungskraft, Sprach- und Denkvermögen sind dafür die notwendigen Voraussetzungen.

In Erzählungen, Rollenspielen, Bildern und gestalteten Werken entwickeln Kinder ihre schöpferischen Kräfte, wobei individuelle Gestaltungsfähigkeiten deutlich werden.

Die frühe ästhetische Erziehung trägt eine große Verantwortung. Eltern und Erzieher können die Kinder unterstützen, ihnen durch Förderung und Beachtung die Entfaltung einer selbstbewussten, kreativen Persönlichkeit erleichtern.

Am wichtigsten ist aber, dass Kinder, frei nach Saint-Exupery’s *Der kleine Prinz*, eine Idee entwickeln von dem, was sie machen wollen und nicht das fertige Ergebnis vorgegeben bekommen.

Vielfältige Erlebnismöglichkeiten, neue Techniken sowie ein freier Zugang zu Materialien erhöhen den Ideenfluss und erweitern das Repertoire kindlicher Gestaltungsweisen, verstärken die fortschreitenden Fähigkeiten und Fertigkeiten des Kindes und tragen letztendlich zur Selbstverwirklichung bei.

Im Gespräch und durch Fragestellungen über seine Werke erfährt das Kind Zuwendung und Anerkennung, bei seiner Erwiderung vollzieht es gedanklich den Gestaltungsprozess nach, erinnert sich und steht ggf. auch kritisch zu seinem Werk.

Ästhetische Erziehung im Kindergarten darf sich also nicht nur auf den musisch-gestalterischen Bereich beschränken oder nach Sinn und Zweckmäßigkeit ausgerichtet sein, sondern muss vielfältige, auch eventuell außergewöhnliche Verbindungen zu unterschiedlichen Bereichen der Kindergartenpädagogik suchen, z. B.

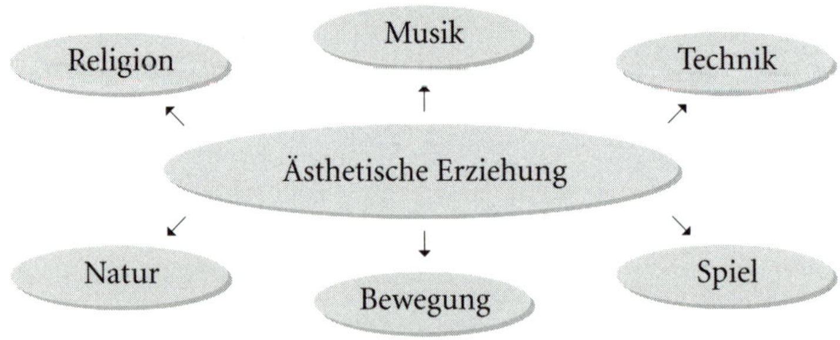

Das breite Spektrum ästhetischer Erziehung kann in Spielketten und Spielaktionen miteinander verbunden werden. Insbesondere die aktive Teilnahme kann ein erster Schritt sein für Verstehen, neue Sehweisen, schöpferisches Denken, kreative Lösungen, künstlerisches Einfühlungsvermögen; u. a. m.

Spielkette:

Auf dem Spielplatz der Malerin

SpielleiterInnen: 1 besser 2
Mitspieler: ca. 12
Alter: ab 5/6 Jahre
Spielzeit: ca. 60 Minuten
Spielort: Gruppenraum oder abgegrenzte Spielfläche im Freien
Ziele: Vorstellungskraft und schöpferisches Handeln erweitern, Phantasie und Spontanität entfalten, Ausdrucksformen ausbauen, Gestaltungsformen kreativ anwenden, individuelle Wahrnehmungs-, Darstellungs- und Erlebnisfähigkeit vertiefen, Gemeinschaft erleben, Mut entwickeln zur Selbstdarstellung, Einfühlungsvermögen festigen, dadurch Stärkung von Selbstständigkeit und Selbstbewusstsein, Zuwendung und Anerkennung erfahren.

Kleine Erlebnisgeschichte zur Einstimmung

Die Geschichte

Spielleiterin: Gestern traf ich im Park eine alte Frau. Sie trug einen großen Hut und einen Mantel mit bunten Farbklecksen darauf und in der Hand eine Tasche mit Farbtöpfen und Pinseln, und weil ich gerade Zeit hatte, erzählte sie mir die folgende Geschichte:

In einem Land, nicht weit von hier, lebt eine junge Frau in einem riesengroßen Park. Manchmal steht sie vor ihrem Haus und schaut in den Himmel und denkt: ... *(Kinderäußerungen)* oder sie schaut in den See und überlegt: ... *(Kinderäußerungen)* oder sie legt ihr Ohr auf die Wiese und hört: ... *(Kinderäußerungen).*

Material/ Hinweise

Die Kinder sitzen im Kreis. Ein alter Hut und ein Malerkittel liegen in der Kreismitte. Falls die Kinderäußerungen zunächst ausbleiben, können kindgerechte Äußerungen als Anregung vorgegeben werden.

Wind, Wind, sause

Lied zum Aufwärmen

Nachts, wenn die junge Frau nicht schlafen kann, schaut sie oft durch ihr langes Fernrohr zum Himmel und singt dazu leise: *Wind, Wind, sause…* (*1)

Fingerspitzen und Daumen liegen aufeinander und werden zu einem Kreis geformt, aus beiden Händen ein Fernrohr bilden.

Immer, wenn nachmittags (vormittags) freundliche Kinder im Park an ihrem Haus vorbei spazieren, zieht sie ihren langen Malerkittel mit den vielen Farbklecksen an, setzt ihren Hut auf und winkt die Kinder herein.

Die Erzählerin zieht den Hut und Malerkittel an und lockt die Kinder zu sich.

Tunnelkrabbeln

Kooperation Bewegung

Dazu stellen sich die Kinder nebeneinander, machen einen Buckel und berühren mit den Händen den Boden. Das letzte Kind krabbelt dann als erstes durch den langen Eingangstunnel und stellt sich vorne wieder auf, so lange, bis alle Kinder angekommen sind.

Begrüßungsrahmen

Sinneswahrnehmung
Körperkontakt

Zur Begrüßung malen sich alle gegenseitig einen schwarzen Strich auf die Stirn, die Wangen und das Kinn (wie ein Bilderrahmen). Anschließend führt die Malerin sie in einen großen Raum, zeigt auf die vielen großen Bilderrahmen und sagt: „In diesen Bilderrahmen waren einmal wunderschöne Bilder. Sie haben eines Tages den Rahmen verlassen, sind einfach verschwunden. Könnt ihr euch vorstellen wo die Bilder sind? Wollen wir gemeinsam versuchen unsere eigenen Bilder in die Rahmen zu bekommen?"

Mehrere Kohlestifte und eventuell einen Spiegel bereit legen.

Fantadu-See

Vorstellung

Also dann geht's jetzt los:
Fantasie, Fantadu schließe beide Augen zu!
Stell dir einmal vor, du stehst auf einer Brücke, die führt über einen See.

Bewegungen

Auf dem See fahren Schiffe, tief unten im See schwimmen Frösche und Fische und am Seeufer stehen Bäume und wächst hohes Schilfgras, das sich im Wind hin und her wiegt und darüber fliegen gerade ein paar schnatternde Gänse. Aber was ist das? Der Bilderrahmen hängt schief und das ganze Bild fließt heraus. Schade! Aber das ist ja nicht schlimm, stellen wir eben ein neues Bild her.

Die Kinder führen die Beschreibung als Bewegung aus.

Fantadu-Wiese

Vorstellung
Bewegungen
Körperbeherrschung

Fantasie, Fantadu schließe beide Augen zu!

Stell dir einmal vor, du stehst auf einer großen Wiese, viele Blumen und Gräser blühen dort und allerhand Tiere sind zu sehen und zu hören… (Sie kriechen, flattern, springen und hüpfen, bellen, summen und wiehern und noch vieles mehr.) Doch plötzlich ruft jemand laut: „Ruhe!“ Und da wird es ganz still, alle Tiere bleiben ganz unbeweglich stehen, wie versteinert. Hoppla, plötzlich purzeln die Wiese und alle Tiere aus dem Bilderrahmen. Zum Glück hat sich ja keiner verletzt. Am besten gehen wir ein Stück spazieren. Was ist das, da steht ja ein Turm, ob er wohl für den Bilderrahmen gedacht ist?

Die Kinderäußerungen aufnehmen und die Tiere nachahmen lassen.

Mäuseturm

Bewegung
Darstellung
Kooperation

Es war einmal ein Turm, es war einmal ein Turm… (*2)

Erst die Rollen verteilen und dann gemeinsam das Lied singen und dazu die passenden Bewegungen ausführen.

Aber in dem Bilderrahmen ist kein Turm zu sehen. Wo ist er denn hin? Ist er vielleicht im Sandkasten gelandet?

Kinderäußerungen und ggf. Idee aufgreifen.

Fantadu-Sand

Vorstellung
Darstellung

Fantasie, Fantadu schließe beide Augen zu!

Stell dir mal vor, du bist ein Sandkasten und die Kinder schaufeln dich zu einem ganz hohen Berg. Sie mischen Wasser in den Sand und backen mit den Sandförmchen viele Sandkuchen, mmh, die schmecken gut. Doch was ist das? Der Sand rieselt ja aus dem Bilderrahmen. Folgen wir ihm. Wo befinden wir uns nun? Was rauscht und plätschert da?

Kinder formen den imaginären Sand. Ggf. Kinderäußerungen aufgreifen.

Fantadu-Bach

Vorstellung
Bewegung
Kooperation

Fantasie, Fantadu schließe beide Augen zu!

Stell dir mal vor, du bist ein kleines Bächlein das leise durch den Wald plätschert, dann durch eine Wiese, vorbei an Büschen und Sträuchern, unter einer kleinen Brücke lang gurgelt. Der Bach rauscht immer schneller und fällt einen steilen Berg hinunter und da unten liegt der See. Ist das unser Fantadu-See? Ist unser Bach da hinein geflossen? Ober wo ist er geblieben? *(Kinderäußerungen)*

Seid mal still, ich höre da etwas, hört ihr das auch?

Die Kinder legen sich nebeneinander und rollen sich gleichzeitig erst langsam dann schneller.

Das Astloch

Vorstellung
Bewegung

Was hör ich denn da nebenan, da ist was los! … (*3)

Die Kinder führen zum Liedtext passende Bewegungen aus.

Bildermalerhut falten

Gestaltung

„Schade", sagte da die junge Frau, „meine Zeit ist nun um. Ich muss nun den Bilderrahmen polieren und ihr sollt nun zurück gehen. Zuvor möchte ich euch etwas schenken. Ich zeige euch, wie man einen großen Bildermalerhut selber herstellen kann."

*Für jedes Kind einen Bogen Zeitungspapier bereithalten (*4).*

Tunnelkrabbeln

Kooperation
Bewegung

Mit dem Hut auf dem Kopf kriechen die Kinder nun vorsichtig wieder durch den Tunnel zurück.

Das war die Geschichte, die mir die alte Frau gestern im Park erzählt hat. Aber woher habt ihr denn plötzlich die großen Hüte? Und warum tragt ihr einen Rahmen im Gesicht?

Die Erzählerin legt Hut und Mandel wieder ab und greift die Kinderäußerungen kurz auf.

Wenn das euer Bildermalerhut ist, dann wollt ihr jetzt sicher ein Fantasie-Fantadu-Bild malen? Dazu zieht jeder einen blauen Malersack über und kann nun an der Wand (oder auf dem Boden mit Straßenkreide*) sein eigenes Fantasie-Fantadu-Bild malen.

Müllsäcke mit Öffnung für Kopf und Arme, Straßenkreide oder Kohlestifte und Tapetenrolle bereit halten. Straßenkreide wird nur genommen, wenn draußen gemalt wird, sonst mit Kohlestiften auf Tapetenrolle malen.

* Hinweise zur Herstellung der Requisiten

1. Wind, Wind sause

Originaltitel: *Lied vom Mond*; Worte: Paula Dehmel; Melodie: Richard Rudolf Klein, Fidula Verlag, Boppard

2. Es war einmal ein Turm

(überliefert)

1. *Es war einmal ein Turm, es war einmal ein Turm,*
   es war einmal ein Mäuseturm, Mi-Ma-Mäuseturm,
   es war einmal ein Turm.
2. *Da kam ein großer Blitz, da kam ein großer Blitz,*
   da kam ein großer Zickzackblitz, Zi-Za-Zickzackblitz,
   da kam ein großer Blitz.
3. *Der riss den Turm entzwei, der riss den Turm entzwei,*
   der riss den ganzen Turm entzwei, Ti-Ta-Turm entzwei,
   der riss den Turm entzwei.
4. *Da kam die Feuerwehr, da kam die Feuerwehr,*
   da kam die Fi-Fa-Feuerwehr, Fi-Fa-Feuerwehr,
   da kam die Feuerwehr.
5. *Die trug den Turm hinweg, die trug den Turm hinweg,*
   die trug den ganzen Turm hinweg, Ti-Ta-Turm hinweg,
   die trug den Turm hinweg.
6. *Da feierten sie ein Fest, da feierten sie ein Fest,*
   da feierten sie ein schönes Fest, schi-scha-schönes Fest,
   da feierten sie ein Fest.

3. Was hör ich denn da nebenan, da ist was los!

(überliefert)

1. Was hör ich denn da nebenan, da ist was los!
Ich laufe an den Zaun heran, der ist so groß.
Ich will einmal von unten sehn, so, so, so,
ich kann nichts sehn, ich kann nichts sehn.
Da drüben ist was los.
2. Was hör ich denn da nebenan, da ist was los!
Ich laufe an den Zaun heran, der ist so groß.
Ich will einmal von oben sehn, so, so, so,
ich kann nichts sehn, ich kann nichts sehn.
Da drüben ist was los.
3. Was hör ich denn da nebenan, da ist was los!
Ich laufe an den Zaun heran, der ist so groß.
Ich will einmal durchs Astloch sehn, so, so, so,
jetzt kann ich sehn, jetzt kann ich sehn,
doch jetzt ist nichts mehr los.

4. Hut aus Zeitungspapier

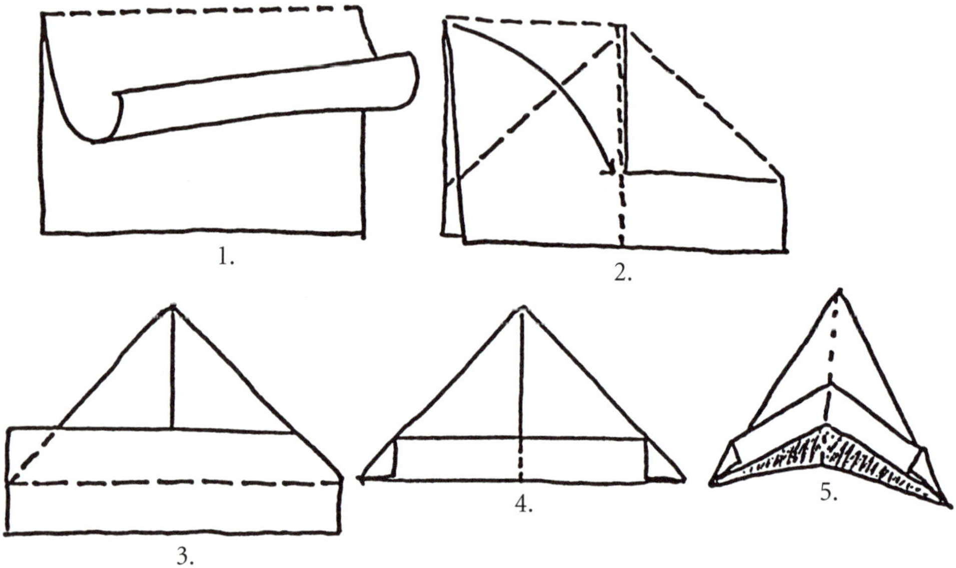

Spielaktion:

Mit Kapitän Kunterbunt zu den Inseln der Vier Farben

SpielleiterInnen: pro Spielgruppe 2

Mitspieler: 25

Alter: ab 4 Jahre

Spielzeit: bei einer Teilnehmerzahl von 25 Kindern: 2 Tage, pro Tag ca. 1½–2 Stunden; d. h. 1. Tag: gemeinsamer Einstieg mit allen Kindern, danach wird die Gruppe geteilt. Eine Kleingruppe erlebt z. B. die Farbe Rot, die andere Kleingruppe die Farbe Grün. Nach Beendigung der Kleingruppenarbeit trifft sich die Gesamtgruppe auf dem Schiff zu einem gemeinsamen Abschluss wieder. Der 2. Tag verläuft organisatorisch genauso. Als inhaltliche Schwerpunkte werden dann die Farben Blau und Gelb in den Mittelpunkt der Spielaktion gestellt.

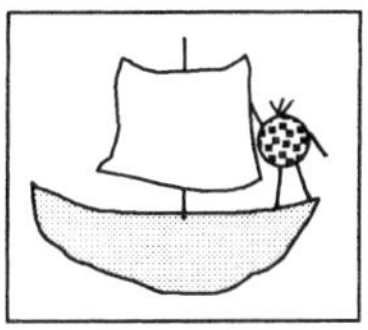

Möglich sind auch andere Zeit- und Gruppeneinteilungen:

- Mit einer kleinen Spielgruppe (ca. 12 Kinder) können die einzelnen Farben auch an vier aufeinanderfolgenden Tagen erlebt werden.
- Die Spielaktion kann, je mehr Räume zur Verfügung stehen, mit 3–4 Spielgruppen parallel an einem Tag durchgeführt werden.

- Wichtig ist nur, dass nach der eigentlichen Spielaktion eine Ausstellung der jungen Künstler arrangiert werden sollte, wozu die Eltern eingeladen werden.

Spielort: Bewegungsraum und pro Spielgruppe ein großer Raum

Ziele: Farben als Unterscheidungsmittel und als Symbol kennenlernen, Farben als Ausdrucksmittel einsetzen, mit Erwachsenenkunst in Kommunikation treten, selbständiges Handeln anregen, visuelle Wahrnehmung fördern, mit Materialien, Farben und Techniken experimentieren, Gestaltungsfähigkeit und Produktivität erweitern, Vorstellungen und Fantasien entwickeln, grob- und feinmotorische Fähigkeiten erwerben, Ausdauer und Konzentration üben, Kooperation und Rücksichtnahme erfahren, Gestaltungsfreude erleben, Akzeptanz und Wertschätzung erfahren.

Die Geschichte

Material/ Hinweise

Aus Stühlen, Bänken oder Kästen wird vor Beginn eine Schiffsform gestellt, die Stuhllehnen zeigen nach innen. In der Mitte liegen Sitzkissen oder Matten, Seile, sowie für je zwei Kinder ein Gymnastikstab als Ruderstange. Als Gangway dient eine Bank, über die die Kinder an Bord gelangen. Gegenüber der Gangway wird eine erhöhte Kommandobrücke aus Kästen errichtet.

Die Geschichte

Spielleiterin: Wir machen heute zusammen eine große Expeditionsreise zu den geheimnisvollen Inseln der vier Farben. Hier liegt schon unser Schiff. Alle Mann an Bord!

Jede Kindergruppe geht mit ihrer Spielleiterin über die Gangway an Bord und setzt sich.

Achtung der Kapitän kommt!

Eine weitere Spielleiterin erscheint als Kapitän verkleidet, unter dem Arm eine Stoffkatze, die Kinder stehen auf.

Kapitän: Mannschaft an Bord? *(Reaktion der Kinder)* Das heißt nicht Ja. In der Seemannssprache heißt das: Aye, Aye, Käp'ten! Also nochmal. Mannschaft an Bord? *(Kinder rufen: Aye, Aye, Käp'ten!)* Ich heiße Kapitän Kunterbunt und dies hier ist meine Katze Schmitt. Sie ist die beste Schiffskatze auf der Welt, denn sie fängt alle Mäuse an Bord. Wir werden jetzt zu den Inseln der vier Farben segeln, also: Leinen Los! Anker lichten! Segel setzen! Mannschaft an die Ruder!

Die Kinder führen mit Hilfe der 1. Spielleiterin die Kommandos z. T. pantomimisch aus. Zwei Kinder halten das rechte und linke Ende eines Gymnastikstabes gemeinsam fest und führen Ruderbewegungen damit aus.

Insellied
*siehe Lied (*1)*

Gemeinschaft

1. Spielleiterin: Wir singen jetzt ein Lied für den Kapitän!

Alle singen gemeinsam.

Der Kapitän schaut durch sein Fernglas: Land in Sicht. Mannschaft klar zum Ankern? (*Reaktion der Kinder*) Segel einholen! Leinen festmachen! Mannschaft geht an Land!

Die Kinder führen pantomimisch die Kommandos aus. Jeweils eine Gruppe (10–25 Kinder) geht mit ihrer Spielleiterin oder Spielleiterinnen, die farblich passend verkleidet sind, in einen Gruppenraum.

Jede Gruppe erlebt jetzt eine der vier Farben: Gelb und Blau oder Rot und Grün.

Die Geschichte auf der Insel Gelbia

Die Raummitte ist frei geräumt. Das übrige Mobiliar sollte möglichst mit gelben Tüchern abgedeckt sein. Die Kinder setzen sich zu einem Kreis.

Begrüßung Su-si-Sonnen-gelb

Rhythmisiertes Sprachspiel

Gelbe Spielleiterin: Herzlich willkommen auf der sonnigen Insel Gelbia. Mein Name ist Susi Sonnengelb. Wir wollen meinen sonnigen Namen einmal zusammen klatschen:

Su-si Sonnen-gelb, wohnst du im Sonnen-blumen-feld?
Ich wohn' im Sonnen-blumen-feld.
Ich heiße Susi Sonnengelb.

Die Kinder klatschen oder schlagen den Rhythmus des Textes auf ihre Oberschenkel.

Gelben Tag

Kontaktaufnahme Bewegung

Jetzt wisst ihr, wie ich heiße und wo ich wohne. Hier auf der Insel Gelbia begrüßen sich die Bewohner nicht wie bei euch mit „Guten Tag", sondern bei uns heißt es „Gelben Tag" und sie geben sich auch nicht die Hand. Wisst ihr wie sie es machen? *(einen Vorschlag der Kinder aufgreifen).* Begrüßt euch doch jetzt alle einmal auf diese Weise.

Die Kinder gehen im Raum umher und begrüßen sich auf die beschriebene Weise.

Gelbe Wörter fangen

Sprachförderung Augen-Hand-Koordination

Hier auf der Insel Gelbia sind alle Kinder und alle Erwachsenen gelb. Aber nicht nur die Menschen sind gelb, hier leben auch nur gelbe Tiere und hier wachsen nur gelbe Blumen. Es gibt nur gelbe Sachen, gelbes Essen und gelbe Getränke. Wer weiß, was bei uns alles gelb ist?

Die Kinder sitzen wieder im Kreis, werfen oder rollen sich einen gelben Ball zu. Das Kind, das den Ball erhält, nennt ein gelbes Wort, z. B. Zitrone, Postauto oder Löwe.

Auf der Insel Gelbia sollen ganz seltene gelbe Tiere leben, die bisher noch niemand gesehen hat. Diese gelben Tiere wollen wir versuchen gemeinsam zu finden. Der Weg dorthin ist nicht ganz ungefährlich, denn er führt durch die gelbe Wüste. Aber wir sind ja…? und…? *(mutig und stark rufen die Kinder).*

Bienenstich

Bewegung
Geschicklichkeit

Also los! Als erstes müssen wir den Honig-Sumpf durchqueren. Dort leben die gefährlichen Stechbienen. Wenn man von ihnen gestochen wird, muss man schnell eine Hand auf die Stelle legen. Aber Vorsicht, schon wird der Erste gestochen.

Die Spielleiterin tippt ein Kind an, dieses hält die Hand an die berührte Stelle, geht weiter und versucht ein weiteres Kind anzutippen.

Zum Glück haben uns die Stechbienen nicht sehr verletzt. Wir können weitergehen.

Kürbistragen

Partnerspiel
Bewegung
Geschicklichkeit
Koordination

Wir kommen in die Kürbis-Schlucht. Riesige gelbe Kürbisse versperren uns den Weg. Sie sind so schwer, dass wir sie nur zu zweit zwischen uns tragen können. Aber wir sind ja…? und…? *(Antwort* der *Kinder).*

Aufgeblasene, gelbe Luftballons befinden sich unter einem gelben Tuch. Jeweils zwei Kinder tragen zwischen ihren Oberkörpern einen Luftballon, den sie (eventuell über Hindernisse) zu einer Stelle des Raumes transportieren.

Wir haben es geschafft.
Vor uns liegt die große gelbe Wüste. Doch aufgepasst. Dort drüben schleicht ein gelber Löwe umher. Aber wir sind ja…? und…? *(Antwort der Kinder).*

Dreht euch nicht um, denn der Löwe schleicht herum

Bewegung
Reaktion

Dreht euch nicht um, denn der Löwe schleicht herum.
Wer sich umdreht, wird gepackt,
wird vom Löwen schnell geschnappt.
Dreht euch nicht um, denn der Löwe schleicht herum.

Die Kinder stehen im Kreis und spielen mit einem gelben Tuch die Variation des bekannten Plumpsack-Spiels.

Sonnenhutspiel

Bewegung
Kreativität

Hier in der großen, gelben Wüste scheint die Sonne sehr heiß. Was müssen wir tun? *(Antworten der Kinder).* Ja, wir müssen uns einen Sonnenhut aufsetzen. Aber wir haben leider nur einen. Deshalb muss er immer schnell von einem zum anderen wandern.

Die Kinder stehen oder sitzen im Kreis. Das Kind, das den Sonnenhut trägt, macht eine Bewegung vor, die anderen machen sie nach. Dann wird der Hut an das nächste Kind weitergegeben.

Bildbetrachtung

Endlich finden wir einen großen Baum, unter dem wir uns ausruhen können. Wir holen unser Fernglas aus der Tasche (*pantomimisch).* Vielleicht sehen wir ja die seltenen gelben Tiere? Da sind sie ja! Wie sehen sie aus? Was gehört hier zusammen? usw. *(Kinder äußern sich zu dem Bild).*

Ein gelbes Tuch wird entfernt und das Bild „Tiere begegnen sich“ von Paul Klee (als Plakat oder Dia) wird für alle Kinder sichtbar.

Wüstensandbilder

Gestaltung

Tatsächlich haben wir die seltenen gelben Tiere gefunden. Damit die anderen auch wissen, wie die gelben Tiere aussehen, wollen wir sie in gelben Wüstensand abmalen.

*Jedes Kind gestaltet auf schwarzem Fotokarton und Vogelsand ein Wüstenbild (*1).*

Nun sind unsere Bilder fertig. Unsere Expedition ist beendet und wir können wieder zurück zu unserem Schiff gehen.

Die Spielgruppe geht wieder auf das Schiff und trifft dort möglicherweise auf die andere(n) Spielgruppe(n), je nach Planung. Dort wird das szenische Anfangsspiel noch einmal als Schlussritual wiederholt.

Die Geschichte auf der Insel Blaula

Die Raummitte ist frei geräumt. Das übrige Mobiliar sollte möglichst mit blauen Tüchern abgedeckt sein.

Begrüßung Bel-la Himmel-blau

Rhythmisiertes Sprachspiel

Blaue Spielleiterin: Herzlich willkommen auf der himmelblauen Insel Blaula. Mein Name ist Bella Himmelblau. Wir wollen meinen himmelblauen Namen einmal zusammen klatschen:

Bel-la Himmel-blau, bist du die kleine Meer-jungfrau?
Ich bin die kleine Meer-jung-frau.
Ich heiße Bella Himmel-blau.

Die Kinder sitzen im Kreis und klatschen oder schlagen den Rhythmus des Textes auf ihre Oberschenkel.

Blauen Tag

Kontaktaufnahme
Bewegung

Jetzt wisst ihr wie ich heiße und wo ich wohne. Hier auf der Insel Blaula begrüßen sich die Bewohner nicht wie bei euch mit „Guten Tag", sondern bei uns heißt es „Blauen Tag" und sie geben sich auch nicht die Hand. Wisst ihr wie sie sich begrüßen? (*einen Vorschlag der Kinder aufgreifen*). Begrüßt euch doch jetzt alle einmal auf diese Weise.

Die Kinder gehen im Raum umher und begrüßen sich auf die beschriebene Weise.

Blaue Wörter fangen

Sprachförderung
Augen-Hand-Koordination

Hier auf der Insel Blaula sind alle Kinder und alle Erwachsenen blau. Aber nicht nur die Menschen sind blau, hier leben auch nur blaue Tiere und hier wachsen nur blaue Blumen. Es gibt nur blaue Sachen, blaues Essen und blaue Getränke. Wer weiß, was bei uns alles blau ist?

Die Kinder sitzen im Kreis und werfen oder rollen sich einen blauen Ball zu. Das Kind, das den Ball bekommt, nennt ein blaues Wort, z. B. Pflaume, Wasser oder Wellensittich.

Auf der Insel Blaula soll eine ganz seltene blaue Blume wachsen, die bisher noch niemand gesehen hat. Diese blaue Blume wollen wir versuchen gemeinsam zu finden. Der Weg dorthin ist nicht ganz ungefährlich, denn er führt uns zu den blauen Höhlen. Aber wir sind ja …? und …? *(mutig und stark rufen die Kinder).*

Hängebrücke

Bewegung Gleichgewicht

Also los! Als erstes müssen wir über den blauen Fluss. Aber wir brauchen nicht durch das eisblaue Wasser gehen, denn zum Glück gibt es eine Hängebrücke. Es ist aber nicht so einfach, denn wir müssen unsere Schuhe dabei auf dem Kopf balancieren.

Die Kinder ziehen ihre Schuhe aus, legen sie sich auf den Kopf und balancieren über ein Seil, das auf dem Boden liegt.

Nun sind wir am anderen Ufer angekommen und können unsere Schuhe wieder anziehen. Ist auch keiner von unserer Gruppe in den blauen Fluss gefallen? Wir wollen mal nachsehen:

Hier ist blau und da ist blau

*siehe Lied (*2)*

Rhythmisches Kreisspiel

Hier ist blau und da ist blau …

Die Kinder sitzen oder stehen im Kreis. Ein Kind geht im Kreis herum, alle singen. Bei „Dreh dich nicht rum" bleibt das Kind vor einem anderen stehen. Danach gehen beide Kinder im Kreis herum und fordern weitere zum Mitgehen auf.

Wir können weitergehen. Ich sehe schon die blaue Höhle, vielleicht wächst ja hier die seltene blaue Blume. Vorsichtig gehen wir in die blaue Höhle hinein. Wir brauchen keine Angst zu haben, denn wir sind ja …? und …? *(Antworten der Kinder).*

Blaue Sachen tasten

Taktile Wahrnehmung Konzentration

Es ist ganz dunkel. Wir können nichts sehen. Vorsichtig tasten wir uns mit den Händen vorwärts. Dabei fühlen wir so merkwürdige Sachen. Was fühlt ihr?

Die Kinder schleichen erst mit geschlossenen Augen umher und setzen sich dann in einen Kreis. Unter einem großen blauen Tuch liegen verschiedene blaue Gegenstände, die durch Tasten von den Kindern erraten werden, z. B. ein Fisch, eine Pflaume, ein Auto oder Käpten Blaubär.

Wir haben die Höhle erforscht. Habt ihr die blaue Blume gefunden? (*Reaktionen der Kinder, Spielleiterinnen und Kinder führen einen kurzen Dialog*). Dort drüben steht ein kleines blaues Haus. Wir gehen einmal hinüber und fragen. Vielleicht können uns die Leute, die dort wohnen, weiterhelfen. (*Klopfbewegung*).

2. Spielleiterin: Blauen Tag! Kommt doch herein. Wir feiern heute das blaue Blumenfest, wir singen und tanzen. Kommt, ihr seid herzlich eingeladen:

Blauer Meerestanz
*siehe Lied (*3)*

Rhythmisches Singspiel Vorstellung

Wenn wir im Sommer mal nach Blaula geh'n, …

Die Kinder führen Bewegungen zum Singspiel aus.

1. Spielleiterin: Ihr feiert das blaue Blumenfest? Wisst ihr denn auch, wo wir die seltene blaue Blume finden?

2. Spielleiterin: Sie blüht nur einmal im Jahr. Deshalb feiern wir ja auch das blaue Blumenfest. Sie wächst ganz in der Nähe. Ihr werdet sie bestimmt finden. *(Kinder suchen im Raum).*

Bildbetrachtung

Tatsächlich hier ist sie ja! Wie sieht sie aus? Könnt ihr sie richtig erkennen? usw. *(Kinder äußern sich zu dem Bild).*

Ein blaues Tuch wird entfernt und das Bild „Blaue Blume" von Paul Klee (als Plakat oder Dia) ist für alle Kinder sichtbar.

Wasserblumenbilder

Gestaltung

Damit die anderen auch wissen, wie die blaue Blume aussieht, wollen wir sie auf wasserblauem Papier abmalen.

*Jedes Kind gestaltet auf weißem Tonpapier mit Zuckerwasser und blauer Straßenkreide ein Wasserblumenbild (*2).*

Nun sind unsere Bilder fertig. Unsere Expedition ist beendet und wir können wieder zurück zu unserem Schiff gehen.

Die Spielgruppe geht wieder auf das Schiff und trifft dort möglicherweise auf die andere(n) Spielgruppe(n), je nach Planung. Dort wird das szenische Anfangsspiel noch einmal als Schlussritual wiederholt.

Die Geschichte auf der Insel Rota

Die Raummitte ist frei geräumt. Das übrige Mobiliar sollte möglichst mit roten Tüchern abgedeckt sein.

Begrüßung Ro-si-Rosen-rot

Rhythmisiertes Sprachspiel

Rote Spielleiterin: Herzlich willkommen auf der Feuerinsel Rota. Mein Name ist Rosi Rosenrot. Wir wollen meinen rosaroten Namen einmal zusammen klatschen:

Ro-si Rosen-rot, warum isst du nur Erdbeerbrot?
Ich esse gerne Erdbeerbrot.
Ich heiße Rosi Rosenrot.

Die Kinder sitzen im Kreis und klatschen oder schlagen den Rhythmus des Textes auf ihre Oberschenkel.

Roten Tag

Kontaktaufnahme
Bewegung

Jetzt wisst ihr wie ich heiße und was ich gerne esse. Hier auf der Insel Rota begrüßen sich die Bewohner nicht wie bei euch mit „Guten Tag", sondern bei uns heißt es „Roten Tag" und sie geben sich auch nicht die Hand. Wisst ihr, wie sie es machen? (*einen Vorschlag der Kinder aufgreifen*). Begrüßt euch doch jetzt alle einmal auf diese Weise.

Die Kinder gehen im Raum umher und begrüßen sich auf die beschriebene Weise.

Rote Wörter fangen

Sprachförderung Augen-Hand-Koordination

Hier auf der Insel Rota sind alle Kinder und alle Erwachsenen rot. Aber nicht nur die Menschen sind rot, hier leben auch nur rote Tiere und hier wachsen nur rote Blumen. Es gibt nur rote Sachen, rotes Essen und rote Getränke. Wer weiß, was bei uns alles rot ist?

Die Kinder sitzen im Kreis und werfen oder rollen sich einen roten Ball zu. Das Kind, das den Ball bekommt, nennt ein rotes Wort, z. B. Tomate, Feuerwehrauto oder Blut.

Auf der Insel Rota gibt es einen geheimnisvollen roten Rosengarten, der aber sehr schwer zu finden ist. Wir wollen versuchen, ihn gemeinsam zu finden. Der Weg dorthin ist nicht ganz ungefährlich, denn er führt über die hohen roten Feuerberge. Aber wir sind ja …? und …? *(mutig und stark rufen die Kinder).*

Himbeerwaldreise

*siehe Lied (*4)*

Rhythmisches Singspiel Bewegung

Also los! Als erstes müssen wir durch den roten Himbeerwald:

Kommt wir machen eine Reise, …

Hüpfen, drehen, und weitere Ideen der Kinder aufgreifen. Die Kinder gehen im Kreis oder in einer Reihe hintereinander und führen die Bewegungen aus.

Der Himbeerwald liegt hinter uns. Aber wo ist der Weg zu den roten Feuerbergen? (*Reaktionen der Kinder*). Ich glaube wir müssen jemanden fragen, dort drüben ist jemand.

2. Spielleiterin: Roten Tag! Wer seid ihr?

Kinder: Wir sind die Kinder aus … … und suchen den Weg zu den roten Feuerbergen. Da in der Nähe soll nämlich der geheimnisvolle rote Rosengarten sein. Wer bist du denn?

2. Spielleiterin: Ich bin die kleine rote Hexe. Ich zeige euch den Weg zu den roten Feuerbergen, aber nur wenn ihr mir eine Rose aus dem Rosengarten mitbringt.

Kinder: Das machen wir!

2. Spielleiterin: Aber zuerst wollen wir noch gemeinsam tanzen:

Ich bin die rote Hexe
*siehe Lied (*5)*

Rhythmisches Kreisspiel
Bewegung
Kontaktaufnahme

Ich bin die rote Hexe…

Die Kinder stehen oder sitzen im Kreis. Die Spielleiterin beginnt. Sie hüpft im Kreis herum. Am Liedende bleibt sie vor einem Kind stehen, das dann bei der Wiederholung mithüpft. Solange, bis alle rote Hexen sind. Die Bewegungen nach dem Lied ausführen.

2. Spielleiterin: Hier ist der Weg zu den roten Feuerbergen.

1. Spielleiterin: Vielen Dank und auf Wiedersehen! Wir müssen uns sehr anstrengen, der Weg ist sehr steil. Am besten, wir krabbeln auf allen Vieren.

Ich sehe ein rotes Pferd, das kann uns sicher über die roten Feuerberge tragen. Hallo, rotes Pferd! (*Kinder rufen mit*). Schade jetzt läuft es weg.

Das rote Pferd
*siehe Lied (*6)*

Rhythmische Bewegungsgeschichte Reaktion

Da hat das rote Pferd…

Die Kinder stehen im Kreis mit dem Gesicht nach außen. Die Bewegungen werden zum Text ausgeführt. Das Lied kann beliebig wiederholt werden.

Und weiter geht's. Wir schaffen den Weg über die roten Feuerberge auch ohne das rote Pferd. Endlich, wir haben es geschafft. Hier in der Nähe soll nun der geheimnisvolle rote Rosengarten sein. Habt ihr ihn schon gefunden? (*Reaktion der Kinder*). Dort drüben steht eine Mauer *(imaginär)*, vielleicht liegt er ja dahinter. Ganz bestimmt, denn schaut, auf der Mauer wächst eine rote Rose.

Auf der Mauer
*siehe Lied (*7)*

Singspiel Vorstellung

Auf der Mauer, auf der Mauer…

Die Kinder stehen im Kreis. Bei der Wiederholung wird jedesmal ein Buchstabe des Wortes „Rose" weggelassen.

Bildbetrachtung

Kommt, wir schauen uns den roten Rosengarten einmal näher an! Wie sieht dieser Garten aus? Warum hat er so viele rote Kästchen? *(Kinder äußern sich zu dem Bild).*

Ein rotes Tuch wird entfernt und das Bild „Rosengarten" von Paul Klee (als Plakat oder Dia) wird für alle Kinder sichtbar.

Rote Rosenbilder

Gestaltung

Wir haben der kleinen roten Hexe ja versprochen, eine Rose mitzubringen. Da wir den Rosengarten nicht betreten können, werden wir ihr ein Rosenbild malen.

Jedes Kind gestaltet auf weißer Strukturtapete mit einem breiten Lackpinsel und einem farbgefüllten Deo-Roller rote Rosengärten.

Nun sind unsere Bilder fertig. Unsere Expedition ist beendet und wir können wieder zurück zu unserem Schiff gehen.

Die Spielgruppe geht wieder auf das Schiff und trifft dort möglicherweise auf die andere(n) Spielgruppe(n), je nach Planung. Dort wird das szenische Anfangsspiel noch einmal als Schlussritual wiederholt.

Die Geschichte auf der Insel Grünia

Die Raummitte ist frei geräumt. Das übrige Mobiliar sollte möglichst mit grünen Tüchern abgedeckt sein.

Begrüßung Si-grun Rasen-grün

Rhythmisiertes Sprachspiel

Grüne Spielleiterin: Herzlich willkommen auf der grünen Insel Grünia. Mein Name ist Sigrun Rasengrün. Wir wollen meinen grasgrünen Namen einmal zusammen klatschen:

Si-grun Rasen-grün,
warum bist du so ungestüm?
Ich bin doch gar nicht ungestüm.
Ich heiß' nur Sigrun Rasengrün.

Die Kinder sitzen im Kreis und klatschen oder schlagen den Rhythmus des Textes auf ihre Oberschenkel.

Grünen Tag

Kontakt-aufnahme
Bewegung

Jetzt wisst ihr wie ich heiße. Hier auf der Insel Grünia begrüßen sich die Bewohner nicht wie bei euch mit „Guten Tag", sondern bei uns heißt es „Grünen Tag" und sie geben sich auch nicht die Hand. Wisst ihr wie sie es machen? *(einen Vorschlag der Kinder aufgreifen).* Begrüßt euch doch jetzt alle einmal auf diese Weise.

Die Kinder gehen im Raum umher und begrüßen sich auf die beschriebene Weise.

Grüne Wörter fangen

Sprach-förderung
Augen-Hand-Koordination

Hier auf der Insel Grünia sind alle Kinder und alle Erwachsenen grün. Aber nicht nur die Menschen sind grün, hier leben auch nur grüne Tiere und hier wachsen nur grüne Blumen. Es gibt nur grüne Sachen, grünes Essen und grüne Getränke. Wer weiß, was bei uns alles grün ist?

Die Kinder sitzen im Kreis und werfen oder rollen sich einen grünen Ball zu. Das Kind, das den Ball bekommt, nennt ein grünes Wort, z. B. Gras, Salat oder Frosch.

Auf der Insel Grünia soll sich ein verzaubertes grünes Tier versteckt halten. Aber niemand weiß genau wo. Wir wollen versuchen es gemeinsam zu finden. Der Weg dorthin ist nicht ganz ungefährlich, denn wir müssen hier durch diesen gefährlichen grünen Urwald, in dem es viele grüne Klapperschlangen gibt. Aber wir sind ja…? und…? (*mutig und stark rufen die Kinder).*

Hin und her im grünen Urwald
*siehe Lied (*8)*

Rhythmisches Kreisspiel
Bewegung
Kontakt

Also los!

Hin und her im grünen Urwald…

Die Kinder stehen im Kreis. Ein Kind beginnt, geht im Kreis herum und bleibt vor einem anderen Kind stehen. Sie beklopfen sich gegenseitig mit den Händen. Immer mehr Kinder werden so zum Mitspielen aufgefordert.

Zum Glück haben uns die grünen Klapperschlangen nichts getan. Aber schon lauert die nächste Gefahr. Dort drüben ist ein grüner Sumpf. Dort leben die grünen Krokodile. Aber wir sind ja…? und…? *(mutig und stark rufen die Kinder).*

Krokodilfangen

Bewegung
Geschicklichkeit

Ein grünes Tuch wird ausgebreitet. Ein Kind ist unter dem Tuch als Krokodil. Während alle Kinder kräftige kurze Wellenbewegungen mit dem Tuch machen, versucht ein weiteres Kind das Krokodil zu fangen.

Hoffentlich wurde keiner von uns von den grünen Krokodilen verschlungen! Besser ist, wir schauen einmal nach, ob alle da sind.

Ich sitze im Urwald

Namensspiel
Bewegung

Ich sitze im Urwald und warte auf…

Die Kinder sitzen im Kreis. Bei dem Spiel sollten alle Kinder einmal genannt werden.

Zum Glück sind alle da. Wir können unsere Suche nach dem verzauberten grünen Tier fortsetzen. Habt ihr es vielleicht schon gesehen? (*Reaktion der Kinder*). Ich höre Stimmen. Vielleicht sind dort Leute, die uns weiterhelfen können.

2. Spielleiterin: Grünen Tag! *(Kinder fragen)*
1. Spielleiterin: O, ja! Ich habe das verzauberte grüne Tier schon gesehen. Es ist sehr scheu, aber auch sehr neugierig. Immer wenn wir hier auf unserer Insel Grünia den Dschungeltanz getanzt haben, hat es vorsichtig aus dem Gebüsch zugeschaut. Vielleicht kommt es ja wieder, wenn wir gemeinsam tanzen.

Dschungeltanz

Rhythmische
Bewegung

Wir tanzen heut den Dschungeltanz, Dschungeltanz, Dschungeltanz,
Wir tanzen heut den Dschungeltanz,
Und alle schrein hu-raah!
Habt ihr euch schon an die Schulter (Hände, Beine u.s.w.) gefasst?
Nein! (Hände auf die Schulter des vorderen Mitspielers legen).
Wir tanzen…

Die Kinder stehen im Kreis mit Blickrichtung auf den vorderen Mitspieler. Sie können eigene Spielideen einbringen. Bei jeder Strophe wird der vorhergegangene Auftrag wiederholt.
Bei der letzten Strophe des Liedes wird das grüne Tuch entfernt, so dass das Bild „Stilleben mit Tierstatuette" von Paul Klee (als Plakat oder Dia) für alle Kinder sichtbar wird.

Bildbetrachtung

Wenn die Kinder das grüne Bild nicht allein entdecken, macht die Spielleiterin sie darauf aufmerksam.

Seid ganz leise, dort drüben sehe ich das verzauberte grüne Tier. Wie sieht das grüne Tier aus? Ist es wirklich verzaubert? Was sind das für merkwürdige Zeichen? usw. *(Kinder äußern sich zu dem Bild).*

Aber was ist das, nun ist das grüne Tier wieder verschwunden. Damit die anderen uns glauben, dass wir das verzauberte grüne Tier gesehen haben, wollen wir versuchen es zu malen, bevor wir vergessen wie es aussieht.

Grüne Tierzauberbilder

Gestaltung

*Jedes Kind gestaltet auf einem DIN-A-3-Blatt mit Fingerfarbe, ausgeschnittenen Formen, Zahnbürste und Sieb grüne Tierzauberbilder (*4).*

Nun sind unsere Bilder fertig. Unsere Expedition ist beendet und wir können wieder zurück zu unserem Schiff gehen.

Die Spielgruppe geht wieder auf das Schiff und trifft dort möglicherweise auf die andere(n) Spielgruppe(n), je nach Planung. Dort wird das szenische Anfangsspiel noch einmal als Schlussritual wiederholt.

Abschluss der Spielaktion

Mit Kapitän Kunterbunt zu den Inseln der Vier Farben

Ausstellung der Bilder mit Eltern

Ort: Halle/großer Raum

Vorbereitung: In der Mitte des Raumes ist das „Schiff" (s. Anfang der Spielaktion) aufgebaut. Die vier Ecken des Raumes sind jeweils einer Farbe zugeordnet. Hier sind die Bilder der Kinder und die Werke von Paul Klee ausgestellt, die zu Beginn noch mit den Tüchern der entsprechenden Farbe verhängt sind. Eltern und Kinder werden auf dem *Schiff* begrüßt. Die farbig gekleideten Spielleiterinnen bilden die *Mannschaft* und führen die Eingangs- bzw. Schlussszene, der vorher beschriebenen Spielaktion gemeinsam mit allen Beteiligten durch. Die *Farbinseln* werden nacheinander angelaufen. Bei jeder Station kann entweder das Begrüßungsspiel oder ein anderes Spiel aus der jeweiligen Aktion noch einmal mit allen gespielt werden. Danach werden die verhüllten Bilder sichtbar, von der jeweiligen Spielleiterin oder einem Kind vorgestellt und bewundert. Nachdem alle *Farbinseln* besichtigt wurden, tritt die *Besatzung* des Schiffes die Heimreise an (s. Schlussritual). Wieder an Land, wird die *Kreuzfahrt* möglicherweise mit einem *Seemannsessen* beendet, wozu Speisen in vier Farben angeboten werden, z.B.: Gelb: *Zitronenpudding, Maissalat, Zitronenlimonade, Honigaufstrich, Zitronenkuchen, o. ä.;* Blau: *Blaubeerquark, Brombeerpudding, Pflaumenkuchen, Pflaumenmus, o. ä.;* Rot: *Erdbeertorte, gefüllte Tomaten, Radieschenbrote, Johannisbeerquark, Himbeerpudding, o. ä.;* Grün: *Gurkensalat, Kiwitorte, Waldmeistergötterspeise, Bohnensalat, o. ä.*

Insellied (*1)

Melodie: Alle, die mit uns auf Kaperfahrt fahren
Text: Autorinnen

* *Namen der Kinder einsetzen*

1. Alle, die mit zu den Inseln segeln
   müssen stark und mutig sein.
   Jan, Andrea, Markus und Schmitt,
   (Namen der Kinder einsetzen, *Schmitt* ist die Schiffskatze)
   die sind so mutig, die sind so mutig.
   Christian, Hülya, Sandro und Schmitt,
   die sind so mutig, die fahren mit.
2. Alle die gelbe Wüsten entdecken,
   müssen stark…
3. Alle die blaue Höhlen erforschen…
4. Alle die rote Berge besteigen…
5. Alle die grüne Flüsse durchqueren…

Hier ist blau und da ist blau (*2)

Trad. Kreisspiel

Blauer Meerestanz (*3)

Trad. Kreisspiel: Wenn wir im Sommer mal nach Holland gehen
Text: Autorinnen

Himbeerwaldreise (*4)

Melodie: überliefert
Text: Autorinnen

Ich bin die rote Hexe (*5)

Melodie: überliefert
Text: Autorinnen

Das rote Pferd (*6) nach der Melodie: Die Welt ist schön, Milord

Auf der Mauer (*7) Melodie: überliefert
Text: Autorinnen

Hin und her im grünen Urwald (*8)

Melodie: überliefert
Text: Autorinnen

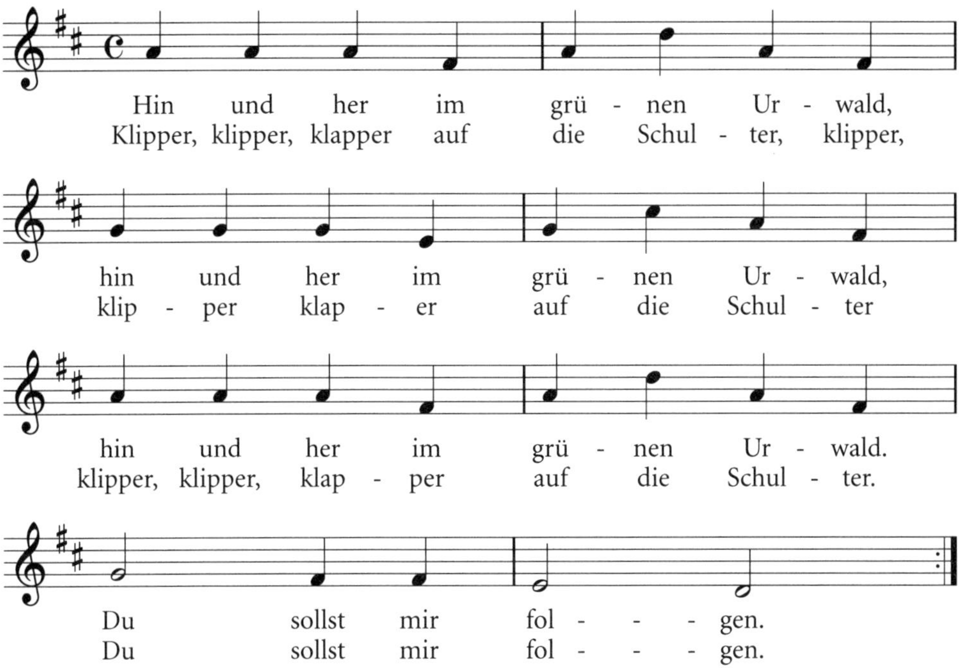

Hinweise zur Herstellung der Requisiten:

***1. Wüstensandbilder**

Auf einem mit Weißleim bestrichenen schwarzen Fotokarton (DIN-A-3) streuen die Kinder Vogel- oder anderen Feinsand. Mit einem hölzernen Pinselstilende werden Linien, Formen oder Figuren in den Sand gemalt, die sich durch den schwarzen Untergrund hervorheben. Ist der Klebstoff angetrocknet, klebt der Sand auf dem Untergrund. Überschüssiger Sand wird entfernt und weiter verwendet.

***2 Wasserblumenbilder**

Vor der Spielaktion wird blaufarbige Straßen- oder Tafelkreide (pro Kind eine Kreide) in eine warme Zuckerwasserlösung getaucht (ca. 3 Esslöffel Zucker auf einen Becher mit warmem Wasser). Nach ca. 30 Minuten haben sich die Kreidestücke voll Wasser gesogen. Mit dieser nassen Kreide bringt jedes Kind einen blauen Malgrund auf seinem Tonpapier (DIN-A-3) auf. Nach kurzer Trocknungszeit können danach mit schwarzer Ölkreide Blumen und Pflanzen gestaltet werden.

***3 Rote Rosenbilder**

Eine Strukturtapete, z. B. Rauhfasertapete wird quer durch den Raum ausgerollt (dünne Abdeckfolie unterlegen). Die Kinder sitzen um die Tapete herum und malen mit ca. 5 cm breiten Lackierpinseln Fingerfarbe in verschiedenen Rottönen, so das der Pinsel angesetzt ein Stück über die Tapete gezogen ein Rechteck ergibt. Zwischen den rechteckigen „Kästchen“ sollte immer der helle Untergrund zu sehen sein, damit sie sich besser abheben. Nach kurzer Trocknungszeit werden mit Hilfe von Deo-Rollern „Rosen“ hineingemalt. Die Kugeln der leeren Deoroller werden zuvor gelöst und mit Wasser verdünnter Fingerfarbe gefüllt. Durch den Rolleffekt fließt die Farbe auf das Papier und es entstehen gerollte „Kugelrosen“, die mitunter sogar noch etwas duften.

***4 Grüne Tierzauberbilder**

Jedes Kind trägt mit einem breiten Pinsel oder mit den Händen grüne Fingerfarbe auf seinem DIN-A-3-Blatt als Untergrund auf. Während der Trockenzeit schneiden die Kinder aus dünnem Karton oder Tonpapier ein Zaubertier und andere Zauberformen und -zeichen aus, die dann auf den Untergrund gelegt werden. Mit einer in Farbe (grün und rot) getauchten Zahnbürste, die über ein Sieb gestrichen wird, spritzen die Kinder weitere Farbe auf ihre Blätter. Werden die aufgelegten Formen entfernt, sind deutliche Umrisse zu erkennen.

***Bildmaterial**

Das Bild zur gelben Geschichte: *Tiere begegnen sich*, Paul Klee 1938
Öl und Kleisterfarben auf Karton, 42 x 51 cm
aus: Paul Klee: *Bilder träumen,* Prestel Verlag, München 1996.

Das Bild zur blauen Geschichte: *Blaue Blume*, Paul Klee 1939
Aquarell und Tempera auf ölgrundierter Baumwolle auf Sperrholz, 50 x 51 cm
aus: Paul Klee: *Bilder träumen,* Prestel Verlag, München, 1996.

Das Bild zur roten Geschichte: *Rosengarten*, Paul Klee 1920
Öl auf Karton, 49,0 x 42,5 cm
aus Paul Klee: *Im Zeichen der Teilung,* Ausstellungskatalog, Hrsg. Kunstsammlung NRW, Düsseldorf, Hatje Verlag, Stuttgart, 1995.

Das Bild zur grünen Geschichte: *Stilleben mit Tierstatuette,* Paul Klee 1928
Öl und Aquarell auf Leinwand, 31,8 x 33,0 cm
aus Paul Klee: *Im Zeichen der Teilung,* Ausstellungskatalog, Hrsg. Kunstsammlung NRW, Düsseldorf, Hatje Verlag, Stuttgart, 1995.

Hinweis: Falls die Bilder als Kunstdrucke nicht zur Verfügung stehen, können sie aus Katalogen oder Kunstbänden (s. Bücherei) farbfotokopiert (möglichst in DIN-A-3-Format) oder als Dia abfotografiert werden.

3.2 Gesundheit und Ernährung

Allgemeine Schlagworte wie „Gesundheitsvorsorge", „Gesundes Essen" oder „Ernährungsstörungen" machen in alltäglichen Gesprächen die Runde und zahlreiche Publikationen befassen sich mit Fragestellungen der Kinderernährung sowie mit Aspekten kindlicher Gesundheitsentwicklung. Eltern und Erzieher reagieren auf Sachinformationen, Tipps und Ratschläge, denn die Gesundheit des Kindes und sein körperliches Wohlbefinden haben höchsten Stellenwert. Trotzdem begleiten Unwohlsein oder Erkrankungen die gesamte kindliche Entwicklung und beeinflussen seine Wahrnehmung. Bezugspersonen erwächst daraus eine wichtige Aufgabe, denn von ihren Einstellungen und Handlungsweisen hängt ab, mit welchen Gefühlen und Ansichten Kinder z.B. Mahlzeiten, Körperpflege, Hygienemaßnahmen oder Vorsorgeuntersuchungen, usw. erleben und welche Einstellungen sie dazu entwickeln.

Die Fachkräfte in Kindertageseinrichtungen werden daher zunehmend durch Träger, Eltern und Kinder mit verschiedenen Betrachtungsweisen, Meinungen, Wünschen und auch Erwartungshaltungen zur Ernährungs-, Gesundheits- und Bewegungserziehung konfrontiert. Im alltäglichen Geschehen eines Kindergartentages wie auch bei zielgerichteten Aktionen und Projekten im Kindergartenjahr werden Schwerpunktthemen, Situationen und besondere Anlässe kindgerecht erschlossen.

Da Tätigkeiten der Erwachsenen auf Kinder einen besonderen Reiz ausüben, helfen sie gerne und sie brauchen Gelegenheiten zum Üben und Ausprobieren, so auch im hauswirtschaftlichen oder gesundheitlichen Bereich. Beispielsweise miteinander zu kochen, zu backen, zu essen und zu spülen sowie die anschließende Zahnhygiene sind im Kindergarten beliebte Gelegenheiten, mit Kindern auf spielerische Weise Ernährungs- und Gesundheitserziehung zu praktizieren. Angstgefühle und Beklemmungen entwickeln Kinder nur, wenn sie auf unbekannte Situationen nicht genügend vorbereitet bzw. darüber entwicklungsgemäß informiert werden.

Kinder fühlen sich aber sicher, werden mutig und entwickeln Vertrauen, wenn sie rechtzeitig mit Hilfe von Darstellungsspielen, Sachgesprächen oder anderer kindgemäßer Ausdrucksformen auf bevorstehende Ereignisse vorbereitet werden. So können sie sich beispielsweise im Rollenspiel auf die zahnärztliche Vorsorgeuntersuchung im Kindergarten einstellen.

Die nachstehenden Spielketten berücksichtigen folglich bei den Geschichten und Spielen einerseits gesundheitserzieherische Aspekte, andererseits aber auch spielerzieherische Perspektiven.

Spielkette:

Im komischen Krankenhaus von Doktor Ziegenpeter

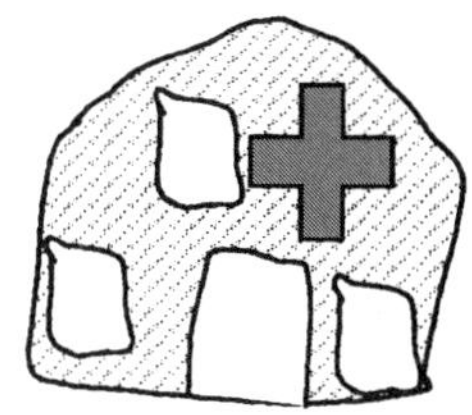

SpielleiterInnen: 1
Mitspieler: 16
Alter: ab 5 Jahre
Spielzeit: ca. 45 Minuten
Spielort: Bewegungsraum / Halle / Wiese
Ziele: Vorstellungskraft, Erinnerungsvermögen und Beobachtung trainieren, vorausschauendes Denken üben, Sprach- und Sprechfreude wecken, Körperberührung zulassen und Berührungsängste abbauen, spielerische Sinneswahrnehmung, Vertrauen entwickeln, Rücksichtnahme üben, Verantwortung übernehmen, in eine andere Rolle schlüpfen, Realitäten ins Spiel übertragen, Spielfreude und Neugierde entwickeln.

Verkleidung als Motivation

Die Geschichte Gestern war ich zu Besuch bei Dr. Ziegenpeter und er erzählte mir von allerlei Tieren, die ihre Stimme verloren hatten.

*Die Spielleiterin trägt ein Stirnband (*1) mit einem roten Kreuz. Sie spricht den Vers vor, die Kinder sprechen ihn nach und finden weitere Tierstimmen.*

Denkt euch nur …

Sprachspiel zum Aufwärmen

Denkt euch nur der Frosch war krank,
jetzt quakt er wieder, Gott sei Dank.

Denkt euch nur, die Kuh war krank,
jetzt muht sie wieder, Gott sei Dank.

Welche anderen Tiere könnten ihre Stimme verloren haben?

Einstieg in die Geschichte

Dr. Ziegenpeter hat uns eingeladen, er will uns sein Krankenhaus zeigen. Kommt, wir gehen los.

Gesichter weitergeben

Sinneswahrnehmung Nachahmen

Im Wartezimmer am Ende des langen Flures warten die Patienten auf Dr. Wackelzahn. Sie ziehen ganz komische Grimassen.

Die Kinder ziehen Grimassen.

Spiegelpantomime

Darstellung
Konzentration

Einige schauen auch in einen Spiegel, der macht ihnen alles nach: Zähne putzen, Kaugummi kauen, Zunge herausstrecken und noch anderes mehr.

Ein Kind ist der Spiegel und ahmt die Bewegungen nach. Dann Rollentausch. Die Ideen der Kinder aufgreifen und mit einbeziehen.

Lied

Nach einiger Zeit singen und klatschen sie:
A-B-C – der Zahn tut nicht mehr weh!

Gemeinsam singen, nach der Melodie „A-B-C-die Katze lief in den Schnee".

Kommt, wir gehen weiter.

Gluckerbauch

Körperkontakt
Sinneswahrnehmung
Vertrauen

Im nächsten Zimmer behandelt Dr. Zwickbauch. Hier rollen alle Patienten vom Bauch auf den Rücken und rollen weiter und weiter, bis sie alle ganz dicht nebeneinander liegen. Es wird still, alle legen vorsichtig ihr Ohr auf den Bauch des Nachbarn und horchen auf die Gluckergeräusche, die aus dem Bauch kommen. Anschließend streicheln sie den Bauch und singen dazu:

Lied

A-B-C – der Bauch tut nicht mehr weh!

Alle singen gemeinsam.

Hör mal, was da rauscht

Sinnes-
wahrnehmung

Wir gehen weiter. Aus dem Wartezimmer von Dr. Ohrwurm ertönen eigenartige Geräusche. Wir bleiben stehen und raten.

Mit dem Kassettenrecorder aufgenommene Alltagsgeräusche werden erraten.

Ich sehe was, was du nicht siehst

Sinnes-
wahrnehmung
Konzentration

Wir gehen weiter bis zum Behandlungszimmer von Dr. Brillenschlange und der stellt uns so komische Fragen, die wir beantworten sollen: „Ich sehe was, was du nicht siehst und das ist orangefarbig. Was ist das?"

Die Spielleiterin stellt die erste Frage, wer richtig antwortet, stellt die nächste Frage.

Schnuppermemory

Sinneswahrnehmung

Wir gehen weiter. „Puh, was riecht hier denn? Ob Dr. Nasenbär wohl da ist? Nein! Dann wollen wir mal seine heimlichen Riechdosen öffnen. Anschließend stellen wir die geschlossenen Dosen ordentlich zurück.

*16 Riechdosen (*2) mit acht Duftrichtungen paarweise ordnen.*

Plötzlich hören wir einen Unfallwagen. „Tatü-Tata, Tatü-Tata, ...“ Was ist passiert?

Alle laufen durcheinander und ahmen das Martinshorn nach. Kinder äußern ihre Vermutungen.

Hängematte

Kooperation

Vier (acht) Krankenschwestern/Krankenpfleger tragen ganz vorsichtig die Verletzen in das Verbandszimmer. Einer fasst den rechten Arm, einer den linken Arm, einer das rechte Bein, einer das linke Bein.

Vier oder acht Stirnbänder, freiwillige Kinder, eventuell einen Rollentausch.

Mumien wickeln

Kooperation

Oje, im Verbandszimmer ist heute viel los. Vier (acht) Krankenschwestern/Krankenpfleger verbinden Arme, Hände, Beine und ganze Menschen.

Mehrere Rollen Toilettenpapier bereit legen, eventuell Rollentausch.

Unsere Hände sind verschwunden

Vorstellung

Als alle mit dem Verbinden fertig sind, singen wir fröhlich:

*Unsere Hände sind verschwunden… (*3)*

Eventuell mehrere Strophen singen (Arme, Beine, usw.).

Einer ist hier verschwunden

Vorstellung
Kennenlernen

Aber wo ist Dr. Ziegenpeter geblieben?

Alle Kinder schließen die Augen. Ein Kind versteckt sich unter einer Decke/Bettuch. Die anderen ertasten das Kind unter der Decke.

Nach soviel Aufregung haben Patienten, Krankenschwestern und Krankenpfleger einen Erholungstag verdient. Einige wollen Rodeln gehen und andere wollen zum Schwimmen ins Freizeitbad fahren.

Einen Stehkreis bilden.

Katz und Maus

Vorstellung
Bewegung

Wir fragen, was sie anziehen und was sie mitnehmen:
„Ist Dr. Ziegenpeter zu Haus?"
„Ja, er zieht sich gerade seine warme Strumpfhose an!"
„Ist Dr. Ziegenpeter zu Haus?"
„Nein, er hat gerade seinen Schlitten genommen und ist gegangen!"

Hörst du die Regenwürmer husten

Bewegung
Vorstellung

Mit diesem Lied verabschieden wir uns nun von Dr. Ziegenpeters komischem Krankenhaus:

Hörst du die Regenwürmer husten, …(*4).

Gemeinsam singen und spielen.

Hinweise zur Herstellung der Requisiten:

***1. Stirnband mit rotem Kreuz**

Weiße Kartonpapierstreifen (35 cm x 10 cm) werden jeweils mit einem Kordelgummi zu einem Stirnband verbunden. In die Mitte des Kartonpapierstreifens wird ein rotes Kreuz gezeichnet. Dieses Stirnband kann nach kurzer Anleitung von den Kindern selbständig hergestellt werden.

***2. Riechdosen**

Leere Foto-Filmdosen mit Watte füllen. Die Watte vorher z. B. mit Zitronenöl, Lavendelöl, Essig oder anderen stark riechenden Duftstoffen tränken. Die Dosen können optisch markiert werden.

***3 Unsere Hände …**

überliefert

***4 Hörst du …**

Sprechgesang

Hörst du die Regenwürmer husten,
wenn sie durchs dunkle Erdreich ziehn,
wie sie sich winden um zu verschwinden.
Auf Nimmernimmer Wiedersehn.
Und wo sie waren, da ist ein Loch, Loch, Loch
und wenn sie wiederkehrn dann ist es noch, noch noch.

Spielkette:

Beim Riesen Schleckerbald und den sieben Obstzwergen

SpielleiterInnen: 2
Mitspieler: 7 und mehr
Alter: ab 5 Jahre
Spielzeit: ca. 60 Minuten
Spielort: Bewegungsraum / Halle
Ziele: Sich auf neue, unbekannte Situationen einlassen, erwünschte Hilfestellung geben, spielerisches Kennenlernen von Nahrungs- und Genussmittel, Vorlieben und Abneigung zu Speisen benennen, Sensibilisierung der taktilen Wahrnehmung, Sprachförderung durch neue Begriffe und ungewöhnliche Wortkombinationen, Spannung / Entspannung und Spaß bei den Verwandlungsspielen erleben, positives Gemeinschaftserlebnis bei Herstellung und Verzehr einer Speise erfahren.

Kurze Erlebnisgeschichte

Einstieg Motivation

1. Spielleiterin: Stellt euch vor, was mir passiert ist. Als ich heute morgen Kaffee kochen wollte, hörte ich auf einmal ein leises Wimmern. Ich schaute nach und fand einen kleinen Obstzwerg. Er war sehr verletzt und erzählte mir, dass er sich noch in letzter Sekunde vor dem Riesen Schleckerbald gerettet hat. Aber, und da fing er wieder an zu jammern, seine sieben Brüder werden noch immer von dem Riesen gefangengehalten. Ich fragte den Obstzwerg, ob er Lust hätte mit in den Kindergarten zu kommen, denn die Kinder der „…-Gruppe" würden ihm bestimmt helfen.

Hier ist er!

Wollt ihr dem Obstzwerg helfen, seine sieben Brüder vom Riesen Schleckerbald zu befreien?

Unter einem Küchentuch befindet sich ein Obstzwerg. Er kann z. B. einen Apfel als Bauch haben, Bananenstücke als Arme und eine Mandarine als Kopf, die mit Zahnstochern verbunden sind. Die Spielleiterin nimmt das Tuch auf und zeigt den Kindern den Obstzwerg. Die Reaktionen der Kinder mit einbeziehen.

Bevor wir auf die anstrengende Reise gehen, müssen wir aber zuerst unseren Rucksack packen.

Kofferpacken

Rhythmisiertes Sprachspiel

Jeder von uns nimmt etwas zu essen oder zu trinken mit.

Spielleiterin: Ich packe ein: kla-ren Spru-del, und du?

So jetzt hat jeder etwas in seinen Rucksack gepackt.

Die Begriffe im Rhythmus sprechen, dazu auf die Oberschenkel klatschen. Gemeinsam wiederholen, erst dann nennt das nächste Kind das, was es zu essen oder zu trinken mitnimmt.

Da wir auch unterwegs schlafen müssen, bekommt jeder noch eine Decke, die er in die Hose oder unter den Pulli stecken kann.

Jedes Kind bekommt ein Zeitungsblatt.

Da oben auf dem Berge

Darstellung
Bewegung
Kooperation

Nun gehen wir los und singen das „Riesen-Zwergen-Lied“:

Da oben auf dem Berge 1-2-3,
da zittern sieben Zwerge 1-2-3,
da unten auf der Wiese 1-2-3,
da wohnt der dicke Riese 1-2-3.

Kriech durch

Körperkontakt
Bewegung

Halt! Hier ist der Schokowald, in dem die Hexe Lakritze in ihrem Knusperhäuschen wohnt. Wenn sie kommt und uns fangen will, laufen wir weg. Wenn wir gefangen werden, können wir uns wieder befreien lassen, in dem wir mit den Beinen eine Brücke bilden und ein anderer hindurch kriecht. Wir wollen mal sehen, ob die Hexe da ist. Kommt wir rufen: „Knusper, knusper, knäuschen, wir knuspern an deinem Häuschen!“ Paßt auf, da kommt die Hexe Lakritze schon!

Die Spielleiterin mit einem Kopftuch spielt die Hexe.

Da oben auf dem Berge
siehe oben

Wir haben es geschafft! Der Schokowald liegt hinter uns. Wir gehen weiter und singen wieder unser Lied.

Halt! Hier geht es nicht weiter. Vor uns liegt der Puddingsumpf. Wir kommen hier nur durch, wenn wir zusammen einen Steg bauen.

Steg über den Sumpf

Körperwahrnehmung
Vertrauen

Dazu müssen wir uns alle ganz eng nebeneinander auf den Bauch und mit ausgestreckten Armen auf den Boden legen. Nun rollt der Erste über den anderen hinweg und so weiter, bis alle durch den Puddingsumpf gekommen sind.

Die Spielleiterin sollte nicht mitrollen.

Da oben auf dem Berge

Wir haben es geschafft – der Puddingsumpf liegt hinter uns. Wir gehen weiter und singen wieder unser Lied.

Kaugummi-Monster

Kooperation
Bewegung

Halt! Hier wachsen die Kaugummi-Bäume, die dem Kaugummi-Monster gehören. Wird einer vom Kaugummi-Monster berührt, bleibt er an ihm kleben. Paßt auf, da kommt es schon. Wir haben es geschafft! Die Kaugummibäume liegen hinter uns.

Die Spielleiterin beginnt.

Was esse ich?

Darstellung
Wahrnehmung

Es wird dunkel. Wir müssen uns einen Schlafplatz suchen. Holt eure Decken heraus und macht es euch bequem. Erst jetzt merken wir, dass wir auch einen Riesenhunger haben. Wir holen unseren Proviant aus dem Rucksack. „Ich esse ...".

Jedes Kind setzt sich auf seine Zeitung. Die Spielleiterin macht pantomimisch vor, was sie isst. Die Kinder raten. Dann kommt nacheinander jedes Kind an die Reihe.

Entspannung

Vorstellung
Fantasie

Nun sind wir satt und müde. Decken uns mit unseren Decken zu und träumen. Wir erinnern uns daran wie wir den Rucksack gepackt haben und im Schokowald mit der Hexe Lakritze fangen gespielt haben.

Einen Kassettenrecorder bereit halten. Bei leiser meditativer Musik erzählt die Spielleiterin noch einmal von den erlebten Stationen und bestärkt die Kinder darin, mit neuer Kraft am anderen Tag die Obstzwerge vom Riesen Schleckerbald zu befreien.

Inselhüpfen

Kooperation
Partnerspiel
Bewegung

Der neue Tag beginnt. Wir recken uns und stehen auf, falten unsere Decke zusammen und gehen zum Limonadensee, um uns zu waschen. Aber wir werden ja ganz klebrig. Wie kommen wir auf die andere Seite des Limonadensees? Ach ja, wir haben ja unsere Decken. Die können wir aufblasen, damit sie schwimmen können. Immer zwei Kinder legen ihre Decken so auf den Limonadensee, dass sie auf einer Decke sitzen können und eine Decke schwimmen lassen.

Ein Wecker klingelt. Die Kinder holen wieder ihre Zeitungen heraus.

Da oben auf dem Berge

Wir haben es geschafft! Der Limonadensee liegt hinter uns. Wir gehen weiter und singen wieder unser Lied.

Zauberer Schaumschläger

Darstellung
Bewegung

Halt! Habt ihr schon bemerkt, es ist ganz nebelig geworden. Wir können unsere Hände gar nicht mehr sehen. Wir sind in den Zuckerwattennebel geraten. Gleich kommt sicher der Zauberer Schaumschläger, der immer alle Kinder in Küchengeräte verzaubern will. Paßt auf, da kommt er schon.

„Hokus pokus, ich verwandle alle Kinder in Waffeleisen."

Alle klappen nun auf und zu. „Rührt euch!"

Die Spielleiterin hält einen Schneebesen in der Hand und berührt damit die Kinder. Dabei nennt sie verschiedene Küchengeräte. Bei der Aufforderung „Rührt euch" sind alle Kinder wieder entzaubert.

Endlich, wir haben es geschafft! Der Zuckerwattennebel liegt hinter uns. Ich glaube, jetzt ist es nicht mehr weit bis zur Schnuckerwiese des Riesen Schleckerbald. Seid mal ganz leise! Ich höre schon etwas (*Schnarchgeräusche*). Kommt, wir schleichen uns an.

2. Spielleiterin (als Riese): Hohoho! Ihr glaubt wohl, ich hätte geschlafen! Was macht ihr hier auf meiner Schnuckerwiese? Ihr wollt bestimmt die ganzen Zuckerplätzchenblumen pflücken, die Gummibärchen von den Sträuchern reissen oder sogar die Schokoladenpilze sammeln. Oder etwa nicht?

Kinder: Nein, wir wollen die sieben Obstzwerge befreien.

Riese: Ach die! Die habe ich gestern alle in den Müll geworfen!

1. Spielleiterin: Aber warum denn, Riese Schleckerbald?

Riese: Die haben immer nur rumgejammert und außerdem schmecken mir Obstzwerge nicht. Die sind mir zu hart und zu sauer. Ich habe nämlich keine Zähne mehr.

Spielleiterin: Wo sind die Obstzwerge denn jetzt?

Riese: Hier irgendwo. Da müßt ihr schon mal selbst suchen. Ich habe jetzt keine Zeit mehr. Ich muß jetzt dringend meine Freundin, die Hexe Lakritze besuchen. Bei der gibt es immer so leckere Lakritztorte. Auf Wiedersehen. Ach übrigens, wenn ihr zurück zum Kindergarten gehen wollt, könnt ihr die Abkürzung über meine Schnuckerwiese nehmen. Nur ja nichts abpflücken. Tschüss!

Vor der Spielaktion wird eine Ecke des Raumes mit einem Bettlaken (in Braun-Grün-Tönen gefärbt) mit zwei handgroßen Löchern abgegrenzt. Hinter diesem Tuch sitzt die 2. Spielleiterin mit der Figur des Riesen*. Der Kopf des Riesen schaut über den oberen Tuchrand.*

Bei seinen letzten Worten verschwindet er hinter dem Tuch.

Früchte fühlen

Sinneswahrnehmung

1. Spielleiterin: Tschüss, Riese Schleckerbald und vielen Dank für den Hinweis. So jetzt wollen wir einmal die Obstzwerge suchen. Ob wir mal hier hinein fassen sollen?

Hinter dem Tuch befinden sich drei große Schüsseln mit einzelnen Obstsorten: 7 Äpfeln, 14 Bananen, 7 Mandarinen, die in Verpackungsmaterialien wie Papier, Styropor, Holzwolle etc. liegen. Die Kinder fassen durch die zwei handgroßen Löcher im Tuch und finden durch Tasten die einzelnen Obstsorten heraus, die sie dann mit Zahnstochern zu Obstzwergen zusammen setzen.

Wir haben es geschafft! Wir haben die Obstzwerge gerettet. Jetzt gehen wir zurück über die Schnuckerwiese zum Kindergarten. Der erste Obstzwerg wird sich sicher freuen, dass seine sieben Brüder wieder da sind. Und den anderen Kindern können wir von unserer Reise erzählen.

Da oben auf dem Berge

Laßt uns gehen, dabei singen wir noch einmal unser Lied:

Da oben auf dem Berge 1, 2, 3,
da saßen 7 Zwerge 1, 2, 3.
Da unten auf der Wiese 1, 2, 3,
da wohnt der dicke Riese 1, 2, 3.

Nach der Spielaktion könnten die Kinder aus den Früchten gemeinsam einen Obstsalat herstellen.

Hinweise zur Herstellung der Requisiten:

1. Tuch mit Tastlöchern
In den unteren Rand eines eingefärbten Bettlakens werden nebeneinander zwei Löcher mit ca. 10 cm Ø geschnitten. Vor den Löchern werden kleine quadratische Stoffstücke angenäht, um die direkte Einsicht in die Löcher zu verhindern.

2. Riese als Stockfigur
Auf einem aufgeblasenen Luftballon wird durch mehrschichtiges Kleisterpapier ein Gesicht kaschiert. Nach dem Trockenvorgang wird mit dem Cutter ein Loch hineingeschnitten, ein Rundholz hineingeklebt und eine Styroporhalbkugel als Halswulst verwendet. Der Kopf wird bemalt und mit einer Kopfbedeckung versehen. Als Kleidung können ausrangierte Hemden oder Pullover und Handschuhe verwendet werden.

3.3 Sprache und Literatur

Soziale Interaktion findet auf verbaler wie nonverbaler Ebene statt, wobei Mimik, Gestik, Körperhaltung ebenfalls der zwischenmenschlichen Verständigung dienen. Aber auch mit Hilfe medialer, visuell-gestalterischer Ausdrucksweisen kommunizieren Menschen miteinander.

Sprachverständnis und aktiver Wortschatz nehmen in der kindlichen Entwicklung schnell zu indem Tätigkeiten, vom Erwachsenen wie auch vom Kind selbst, sprechend begleitet werden, z. B. bei Mahlzeiten, der Körperpflege, beim Beobachten, Malen, Bauen, etc. Unterstützt durch anregende Sprachvorbilder und vielerlei Sprechsituationen wächst die Fähigkeit, sich differenziert auszudrücken und mitzuteilen. Insbesondere bildet sich die Empfindung zwischen dem gesprochenen Wort (Sachebene) und der Beziehung zum Sprechenden (Beziehungsebene) aus.

Ergänzend werden beim Zuhören das kindliche Konzentrationsvermögen erweitert und erste Denkprozesse ausgelöst. Das weiterentwickelte Sprachverständnis des Kindes kommt zum Ausdruck bei Auseinandersetzungen oder Konflikten, der Äußerung von Wünschen oder Bedürfnissen, beim Erzählen und Hören von Geschichten, der zielgerichteten Umsetzung von Anweisungen, u. a. m.

Kinder entfalten bei ihren Spielen und mit ihrer Spielsprache viel Vorstellungskraft und Kreativität. Sie setzen zufällige Wortschöpfungen an die Stelle unverstandener Wörter, gleichzeitig spielen sie mit der Sprache, in ihrer Sprechfreude verdrehen sie die Worte absichtlich und erfinden neue Wortzusammenhänge. Entwicklungsbedingt werden dabei oftmals noch die Grenzen zwischen Realität und Fantasie überschritten.

In sozialpädagogischen Einrichtungen erfahren kindliche Ausdrucksformen große Unterstützung, z. B. durch alltägliche Gespräche, beim Erzählen, bei Funktions-, Bewegungs-, Rollenspielen, beim Zeichnen, Malen und Gestalten. Darüber hinaus intensiviert der aktive wie gestalterische Umgang mit Kinderlyrik, Bilderbüchern, Geschichten und Märchen kindliche Ausdrucksweisen. Infolge ihrer Charakteristik eignen sich gerade kinderliterarische Texte hervorragend für spielerische Umsetzungen in Bewegungsgeschichten, Spielketten, Spielaktionen, da Kinder sich auch die Sprache mit allen Sinnen aneignen. Kinder, die sich reichlich und umfassend bewegen, wirken überdies ausgefüllt und zufriedene Kinder lernen leichter.

Spielkette:

Und wir flogen tausend Jahre...

(nach dem gleichnamigen Bilderbuch von Martin Auer/Simone Klages, Weinheim 1990)

SpielleiterInnen: 1
Mitspieler: ca. 10
Alter: ab 5 Jahre
Spielzeit: ca. 60 Minuten
Spielort: Bewegungsraum/Spielfläche im Freien
Ziele: Erlebnisbereitschaft wecken, sich auf Utopien einlassen, Gefühle erkennen und darstellen, Sinne bewusst verspüren, Vorstellungsvermögen entfalten, neue Aufgaben lösen, Sprache und Sprechfreude vertiefen, neue Wörter erfinden, Begriffe in ungewohnten Zusammenhängen benutzen, Freude an der Körperbewegung entwickeln, Körpernähe und Körperkontakte zulassen, Regeln anerkennen, Spielregeln entwickeln, Solidarität und Vertrauen zeigen, Verantwortung übernehmen.

Die Geschichte

Begrüßung

Bewegung

Spielleiterin: Bevor wir nun auf die lange Planetenreise gehen, rufen wir uns den bekannten Weltraumfahrergruß zu: „Kladde-ri, Kladde-ra, Kladde-ratsch!" Dabei springen wir mit gestreckten Armen in die Höhe. Nun besteigen wir unser Luftschiff. Die Erde verzischt als blauer Punkt hinter uns, so schnell fliegen wir.

*Einen Sitzkreis bilden. Die Spielleiterin stellt die von den Kindern vorher hergestellte Rakete (*1) in den Kreis.*

Mondsucher

Vorstellung
Bewegung

Ich bin Apollo, ich bin Apollo (*2)*

(Apollo ist der Name einer amerikanischen Rakete). Die Kinder „fliegen" mit ausgebreiteten Armen im Kreis herum, bleiben dann voreinander stehen und klopfen sich gegenseitig auf die Schultern.*

Brüderchen fangen

Bewegung

Wir landen auf dem **ersten** Planeten. Wir sind ganz allein und spielen drei Jahre lang „Fang dir ein Brüderchen"!

Fangspiel, die Regeln vorher mit den Kindern absprechen.

Tabak rollen

Vorstellung
Bewegung

Wenn wir müde sind, rollen wir uns in Blätter von Tabaksträuchern und träumen, dass uns Schnäbel wachsen und aus den Schultern lange Federschlangen. Dann fliegen wir weiter.

Zeitungspapier- und bunte Papierstreifen werden an die Kleidung geklammert.

Kometeneier werfen

Bewegung

Unser **zweiter** Planet heißt „Käsekuchen“, den essen wir später auf. Wir fangen erst kleine Sternenküken mit unseren Händen und füttern sie, bis sie Sternenhühner werden, die legen Kometeneier. Die werfen wir dann in hohem Bogen in den Weltraum.

Zeitungspapier zusammenballen und werfen.

Weltraumliebe

Bewegungslied
Gefühle zeigen

Unser **dritter** Planet heißt „Kornblume“. Und er ist blau. Da werden wir ganz schüchtern und werfen ihm von weitem kleine Kusshände zu. Aber wir können ihn nicht verlassen und fliegen im Kreis um ihn herum, bis er verblüht. Dazu singen wir:

Lied

*Blau, blau, blau sind alle meine Kleider (*3)*

Blaue Fingerfarbe bereit halten. Alle bekommen einen blauen Punkt auf die Nase und werfen sich Kusshände zu.

Ungeheuer werfen

Bewegung

Dann kommen wir zu dem **vierten** Planeten „Ungeheuer“, der ist größer als groß. Aber wir werfen nach ihm, da zerplatzt er. Wir lachen und fliegen weiter.

Die Spielleiterin schleudert etwas gegen das Ungeheuer. Dabei die Anregungen der Kinder aufgreifen.

Schildkrötenschaukel

Körperkontakt
Bewegung

Nun wiegen wir uns in unserem Luftschiff und lassen es schlingern und drehen, bis uns schwindelig wird. Und wir singen das Lied:

> *Wir schaukeln und schaukeln,*
> *es ist kein Traum,*
> *in einem alten Schildkrötenbaum.*

Jeweils zwei Kinder sitzen auf dem Boden, fassen sich an und schaukeln hin und her. Dazu einen Planeten-Sprechgesang erfinden.

Kuscheltanz

Körperkontakt

Auf dem **fünften** Planeten, da ist es ganz kalt. Da werden wir Feuerkinder und tanzen um den Planeten, bis das Eis zu Wasser geschmolzen ist.

Alle tanzen eng aneinander gekuschelt.

Seifenblasen

Dann werden wir Fische und schwimmen durch die Wasserkugeln und machen Luftblasen bis der ganze Planet verspritzt ist.

*Schwimmbewegungen. Dazu Riesenseifenblasen (*4) herstellen.*

Dann fliegen wir weiter. Und wir schlafen hundert Jahre in unserem Luftschiff und träumen, wir wären Steine *(den Körper ganz klein einrollen)*. Als wir aufwachen, sind uns Flügel gewachsen.

Höhlenführer

Körperkontakt
Vertrauen

Wir kommen zum **sechsten** Planeten, der heißt „Höhle". Da können die Leute nicht sehen. Da geben wir ihnen unsere Augen, damit die sehen können. Jetzt sind wir blind.

Partnerspiel. Ein Kind schließt die Augen und das andere führt es durch den Raum. Dann die Rollen tauschen. Nun öffnen alle wieder die Augen und jedes Kind nennt einen Begriff.

Klatschwörter

Bewegung
Vorstellung

Aber wir flüstern: „*Sterne*“ , da können wir die Sterne sehen.
Und wir murmeln: „........“, da können wir .... sehen.
Und wir zischen: „........“, da können wir .... sehen.
Und alles, was wir sagen, können wir sehen.

Gemeinsam Wörter, die zum Thema passen, finden und die Wortsilben klatschen.

Und wir fliegen weiter.

Verliebte Pelzkinder

Kontakt
Bewegung

Auf dem **siebten** und letzten Planeten „Katzenschweif“ spielen wir mit den Pelzkindern. Das sind unsere Liebsten. Und wir sagen zu ihnen: „*Herz*“ und „*Kuss*“, und rufen ihnen zu: „*Vergiss-mein-nicht*“.

Jeder bekommt ein kleines Stück Pelz und alle berühren sich gegenseitig mit der blauen Nasenspitze und dem Pelz, winken und werfen sich Kusshände zu.

Abschied

Und wir fliegen weiter. Und wir fliegen tausend Jahre lang und fliegen weiter als weit. Da werden wir müde (*hinlegen*). Und wir sagen: „*Zu Hause*“, und da sind wir schon da. Heute abend schauen wir uns aus dem Fenster die Sterne an.

Spielleiterin: Und wo verankern wir jetzt das Luftschiff? Wo verstaut ihr eure Flügel?

Gemeinsam überlegen.

Hinweise zur Herstellung der Requisiten:

1. Raumschiff aus Verpackungsmaterial
Mehrere runde Verpackungskartons werden miteinander, mit Hilfe von Klebeband, verbunden und anschließend mit Rauhfasertapete „tapeziert“. Später können die Kinder die Rakete mit „Malerfarbe“ fantasievoll anstreichen.

2. Ich bin Apollo überliefert

Ich bin Apollo. Ich bin Apollo.
Ich fliege um den Mond herum
und such’ den Mondmann Schrumm.
Schrumm, bum bum! Sind sie hier?
Bitte folgen sie mir!

3. Blau, blau, blau sind alle meine Kleider

überliefert

Blau, blau, blau sind alle meine Kleider,
blau, blau, blau ist alles was ich hab.
Darum lieb ich, alles was so blau ist,
weil mein Schatz ein Weltraumfahrer ist.

4. Rezept für Riesenseifenblasen

In eine flache Schale oder in einen Eimer konzentrierte Kernseifenlauge füllen. Einen Federball- oder Tennisschläger ohne Netzbespannung in die Lauge tauchen und ihn anschließend durch die Luft schwingen.

Spielkette

Im Zaubermärchenland

SpielleiterInnen: 1
Mitspieler: 8–15
Alter: ab 4 Jahre
Spielzeit: ca. 45 Minuten (ohne Vorlesezeit)
Spielort: Gruppenraum / Bewegungsraum / (Eingangs)Halle
Ziele: Erweiterung des Wortschatzes, Freude im rhythmischen Spiel mit Lauten und Worten erleben, auditive Wahrnehmung vertiefen, Sprache als fantasievolles und kommunikatives Medium erfahren, Begriffe in Bewegungen ausdrücken, auseinandersetzen mit literarischer Sprache, Freude an Sprachspielen fördern, kreative Wortschöpfungen.

Einstieg mit einer Handspielpuppe als Identifikationsfigur

Die Geschichte

Spielleiterin *(führt mit der Handspielpuppe Zwerg einen kurzen Dialog):*

Guten Tag Zwerg! Wie kommst du denn in unseren Kindergarten?

Zwerg: Als .... *(Name der Erzieherin einsetzen)* neulich etwas aus dem Märchenbuch vorgelesen hat, bin ich aus dem Märchenbuch herausgefallen. Und jetzt weiß ich nicht mehr, wie ich zurückkommen kann, denn das Märchenbuch ist verschwunden.

Spielleiterin: Das ist aber traurig, Zwerg.

Zwerg: Ja, und ich weiß auch nicht mehr meinen Namen.

Spielleiterin: Vielleicht wissen die Kinder wie du heißt.

Alle sitzen im Kreis. Einen Zwerg als Handspielpuppe bereit halten.

Hatschi-Patschi

Kontakt
Konzentration
Bewegung

Wir machen jetzt ein Spiel. Dabei wirst du ganz viele Namen hören, vielleicht fällt dir dein Name dann wieder ein.

Die Kinder nennen ihre eigenen Namen oder Fantasienamen.

Ist dir dein Name jetzt wieder eingefallen?

Zwerg: Nein! Ihr müßt mir helfen. Wenn wir das Märchenbuch wiederfinden, dann weiß ich auch wieder, zu welchem Märchen ich gehöre und dann weiß ich auch wieder wie ich heiße.

Spielleiterin: Wo könnte das Märchenbuch denn sein?

Zwerg: Wir müssen ins Zwergenland gehen. Vielleicht wissen die anderen Zwerge, wo das Märchenbuch ist. Um ins Zwergenland zu kommen, müssen wir uns alle in Zwerge verwandeln. Jetzt können wir nur noch ganz kleine Schrittlein machen.

Es ging ein Zwerg im Grase

*siehe Lied (*1)*

Vorstellung
Darstellung
Rhythmische Bewegung

Es ging ein Zwerg im Grase…

Die Kinder bücken sich, legen die Hände auf die Knie, machen kleine Trippelschritte und führen die weiteren Bewegungen zum Text aus.

Dort drüben ist das Törlein, dort müssen wir durch, um zu den Bergen zu kommen, wo die Zwerglein wohnen. Jeder von uns muss ein klitzekleines Wörtlein sagen, dann darf er erst durch das Törlein gehen.

Macht auf das Tor
*siehe Lied (*2)*

Bewegung
Vorstellung
Wortschatz

Macht auf das Tor! Macht auf das Tor!
Es kommen Menschenzwerge.
Was wollen, wollen sie? Was wollen, wollen sie?
Sie wollen zu den Zwergen – den Zwergen!
(Sprechen) *Sagt erst ein klitzekleines Wort, dann dürft ihr fort!*

Die Spielleiterin hält einen Reifen als Tor hoch. Die Kinder singen und gehen paarweise hintereinander durch den Reifen. Bei „Zwergen" wird der Reifen gedreht, so dass zwei Kinder innerhalb des Reifens stehen.

Zwerg: Dort drüben ist ein Wurzelzwerglein. Vielleicht weiß es, wo das Märchenbuch ist.

Ich bin ein kleiner Wurzelzwerg
*siehe Lied (*3)*

Rhythmische Bewegung
Partnerspiel

Ich bin ein kleiner Wurzelzwerg

Ein Kind wird nach dem Verbleib des Märchenbuchs befragt.
Alle sitzen im Kreis. Die Spielleiterin beginnt das Spiel so, dass zum Schluss alle in der Mitte tanzen.

Zwergentelefon

Auditive Wahrnehmung Konzentration

Spielleiterin: Wir müssen den Oberzwerg anrufen, der weiß vielleicht, wo das Märchenbuch ist. (*Nach jeder „Telefonrunde" wird überlegt, ob das Märchenbuch dort sein könnte, aber der Zwerg verneint stets. Die Spielleiterin flüstert zuletzt „bei den Riesen", was dann vom Zwerg bestätigt wird).*

Alle sitzen im Kreis. Das erste Kind flüstert seinem linken Nachbarn einen Ort oder eine Person zu. Dieses Wort wird von Ohr zu Ohr weiter geflüstert, bis es wieder an seinem Ausgangsort angekommen ist. Dort wird es laut ausgesprochen. Nun ist das nächste Kind an der Reihe.

Spielleiterin: Also müssen wir jetzt ins Riesenland gehen. Kommst du mit Zwerglein?

Zwerg: Ja, aber du mußt mich verstecken. Wer ins Riesenland will, muss sich in einen Riesen verwandeln. Und das kann ich nicht. (*Spielleiterin steckt den Zwerg in die Tasche).*

Riesenverwandlung

Kreative Bewegung

Spielleiterin: *Wir waren bei den Zwergen,*
hinter sieben Bergen
und die / der .... zeigt uns dann,
wie man Riese werden kann.

Die Kinder gehen im Kreis und sprechen den Text. Das genannte Kind macht eine Bewegung vor, die von den anderen nachgeahmt wird. Der nächste ist an der Reihe.

Dort drüben ist das Riesentor. Dort müssen wir durch, um zu den Wiesen zu kommen, wo die Riesen wohnen. Jeder muss nun ein riesengroßes Wort sagen, dann darf er durch das Riesentor gehen.

Macht auf das Tor
*siehe Lied (*2)*

Bewegung
Vorstellung
Wortschatz

Macht auf das Tor! Macht auf das Tor!
Es kommen Menschenriesen.
Was wollen, wollen sie? Was wollen, wollen sie?
Sie wollen zu den Riesen – den Riesen!
(Sprechen): *Sagt erst ein riesengroßes Wort, dann dürft ihr fort!*

Spielanleitung wie beim ersten Lied „Macht auf das Tor".

Riese in der Höhle

Bewegung
Reaktion

Dort drüben sehe ich eine Höhle. Vielleicht wohnt da ein Riese, den wir fragen können, wo das Märchenbuch ist.

Kinder: Riese schläfst du noch?

Riese: Ja!

Kinder: Wie lange denn?

Riese: Bis 3 Uhr!

Ein Kind schläft als Riese unter einem Tuch. Die anderen Kinder stehen davor und rufen. Nach dem Zählen der Uhrzeit kommt der Riese heraus und fängt ein Kind, das nun den Riesen spielt.

Riesentelefon

Auditive Wahrnehmung Konzentration

Spielleiterin: *(fragt das Kind, das zuletzt den Riesen gespielt hat)*: Riese, weißt du vielleicht wo das Märchenbuch ist?

Riese: Nein, wir müssen den Oberriesen anrufen!
(Nach jeder „Telefonrunde“ wird überlegt, ob das Märchenbuch dort sein könnte, aber der Riese verneint stets. Die Spielleiterin flüstert zuletzt „bei den Hexen“, worauf der Zwerg aus seinem Versteck ruft, diesen Ort aufzusuchen.)

Spielanleitung vergleiche „Zwergentelefon“.

Zwerg: Ja, ihr müßt ins Hexenland gehen. Aber wer dort hingeht, muss sich in Hexen verwandeln. Das trau ich mich nicht, deshalb bleib ich besser noch in meinem Versteck.

Fixe kleine Hexen

Rhythmische Bewegung Vorstellung

Fixe kleine Hexen, die gönn' sich keine Ruh'.
Sie sitzen auf dem Besen und reiten immerzu.
Fli-Fla-Flum,
dreht euch um!

Die Kinder stehen im Kreis. Jedes Kind bekommt einen Stab als Hexenbesen und bewegt sich damit im Raum. Bei „Fli-Fla-Flum“ bleiben alle stehen und drehen sich in die Gegenrichtung.

Spielleiterin: Dort drüben ist das Hexentor, dort müssen wir durch, um zu dem Hexenwald zu kommen, wo die Hexen wohnen. Jeder von uns muss ein Hexenzauberwort sagen, dann darf er erst durch das Hexentor gehen.

Macht auf das Tor
*siehe Lied (*2)*

Bewegung
Vorstellung
Wortschatz

Macht auf das Tor! Macht auf das Tor!
Es kommen Menschenhexen.
Was wollen, wollen sie? Was wollen, wollen sie?
Sie wollen zu den Hexen – Hexen!
(Sprechen): *Sagt erst das Hexenzauberwort, dann dürft ihr fort!*

Spielanleitung vergleiche „Macht auf das Tor".

Im Wald da steht ein Hexenhaus

Auditive
Wahrnehmung

Ich sehe ein Hexenhaus. Dort werden wir anklopfen:

Im Wald da steht ein Hexenhaus,
da geht die Hexe ein und aus.
Sie hat kein Licht, sie hat kein Licht,
da scheint die helle Sonne nicht.
Poch, poch, poch, wer darf hinein?

Die Kinder legen mit ihren Stäben auf dem Boden die Umrisse eines Hauses und setzen sich rundherum auf den Boden. Ein Kind sitzt als Hexe in der Mitte und hält die Hände vor die geschlossenen Augen. Ein anderes Kind geht leise zur Mitte, klopft auf den Rücken der Hexe und sagt: „Poch, poch, poch, wer darf hinein?" Die Hexe muß den Namen des Kindes erraten, danach ist dieses Kind die Hexe.

Die kleine Hexe hat mir gerade gesagt, dass sie weiß, wo das Märchenbuch ist. Nämlich bei dem alten Zauberer, der es hier im dunklen Wald versteckt hat.

Wickel-Wackel-Zaubermann

Sprachspiel
Pantomimische Darstellung

In einem dunklen, dunklen Tann,
wohnt ein alter Zaubermann.
Wickelt, wackelt mit dem Kopf,
rührt in seinem Zaubertopf.
Feuer, Feuer flamme auf,
erhitze meinen Topf darauf.
Zauberstab geht hin und her,
kommt heraus ein …

Im Raum liegen verteilt unter Tüchern verschiedene Gegenstände, z. B. Spielzeuge, Alltagsgegenstände (Anzahl entsprechend den Mitspielern). Alle Kinder gehen hintereinander durch den Raum und sprechen den Zauberspruch, dabei wandert der Zauberstab von einem zum anderen. Bei „kommt heraus ein …" berührt ein Kind einen verdeckten Gegenstand, betrachtet ihn, stellt ihn pantomimisch dar und die Anderen raten. So lange spielen, bis ein Kind das Märchenbuch entdeckt, das ebenfalls unter einem Tuch versteckt liegt.

Spielleiterin: Endlich haben wir das Märchenbuch gefunden. (*Holt den Zwerg hervor*). Hier Zwerglein, jetzt findest du bestimmt das Märchen wieder, aus dem du herausgefallen bist und auch deinen Namen.

Auf Wunsch der Kinder kann zum Abschluss ein Märchen oder eine fantastische Geschichte mit einem Zwerg als Handlungsträger vorgelesen werden, z. B.:

- *Rumpelstilzchen* von den Brüdern Grimm
- *Schneewittchen* von den Brüdern Grimm
- *Die drei Männlein im Walde* von den Brüdern Grimm
- *Die Wichtelmänner* von den Brüdern Grimm
- *Das Traumfresserchen* von Michael Ende
- *Tomte Tummetott* von Astrid Lindgren
- *Hörbe mit dem großen Hut* von Otfried Preußler
- *Die Wawuschels mit den grünen Haaren* von Irina Korschunow
- *Nis Puk in der Luk* von Boy Lornsen

1. Es ging ein Zwerg im Grase

Text und Melodie überliefert

2. Macht auf das Tor

Melodie: überliefert
Text: Autorinnen

3. Ich bin ein kleiner Wurzelzwerg

Text und Melodie: überliefert

Spielesammlung

Bewegungsspiele

Bienenstich

Bekannt unter dem Titel: Behinderungslauf

Alter: ab 3 Jahren
Mitspieler: beliebig
Spielort: beliebig
Materialien: keine

Spielbeschreibung: Ein Mitspieler berührt im Laufen ein Körperteil eines anderen Mitspielers. Dieser hält die Hand an die getroffene Stelle, läuft weiter und versucht einen erneuten Mitspieler anzuschlagen.

Spielvariante: Zwei Mitspieler berühren im Laufen Körperteile der anderen Mitspieler. Jeweils an der getroffenen Körperstelle entsteht eine Behinderung, die durch ein erneutes Anschlagen an anderer Stelle verändert wird.

Ziele: Bewegungsfreude, Reaktion.

Brüderchen fangen

Bekannt unter dem Titel: Fangspiel

Alter: ab 3 Jahren
Mitspieler: beliebig
Spielort: beliebig
Materialien: keine

Spielbeschreibung: Die Mitspieler sollen von „Brüderchen“ gefangen werden. Wer berührt wird, verwandelt sich ebenfalls in ein Brüderchen und fängt mit.

Spielvariante: Gemeinsam neue Spielregel erfinden.

Ziele: Bewegungsfreude, Reaktion.

Dschungeltanz / Echsentanz

Bekannt unter dem Titel: Wir tanzen heut den Labada

Alter: ab 4 Jahre
Mitspieler: 5–25
Spielort: drinnen / draußen
Materialien: keine

Spielbeschreibung: Alle gehen hintereinander, mit Blickrichtung auf den vorderen Mitspieler und singen:

Wir tanzen heut den Dschungeltanz, Dschungeltanz, Dschungeltanz,
wir tanzen heut den Dschungeltanz und alle schrei'n hu-raah!

Dabei wird mit dem rechten Fuß aufgestampft und der rechte Arm in die Luft gestreckt. Die Spielleiterin fragt dann: *Habt ihr euch schon an die Schulter gefaßt?* Die Mitspieler antworten: *Nein!* Worauf alle die Hände auf die Schultern ihres vorderen Mitspielers legen und erneut singen. Auf diese Weise können verschiedene Körperteile in den Tanz einbezogen werden, z. B. Hände, Beine, Po, Hüfte etc.

Ziele: Rhythmische Bewegungsfreude, Körperkontakt.

Dreht euch nicht um

Bekannt unter dem Titel: Plumpsack

Alter: ab 4 Jahre
Mitspieler: 5–15
Spielort: drinnen/draußen
Materialien: geknotetes Tuch

Spielbeschreibung: Alle stehen im Kreis und singen:

Dreht euch nicht um,
denn der Löwe schleicht herum.
Wer sich umdreht wird gepackt,
wird vom Löwen schnell geschnappt.
Dreht euch nicht um,
denn der Löwe schleicht herum.

Der Löwe geht um den Kreis herum und läßt das Tuch hinter einem Mitspieler fallen. Wenn dieser Mitspieler das Tuch bemerkt, läuft er hinter dem Löwen her. Dieser versucht in die entstandene Kreislücke des Mitspielers zu schlüpfen.

Ziele: Bewegungsfreude, Reaktion.

Ungeheuer werfen / Figuren schleudern

Bekannt unter dem Titel: Figuren werfen

Alter: ab 4 Jahren
Mitspieler: beliebig
Spielort: großer Raum / draußen
Materialien: keine

Spielbeschreibung: Die Spielleiterin fasst die Mitspieler nacheinander bei der Hand und „schleudert" sie vorsichtig in den Raum, die Mitspieler verharren in der Pose einer bestimmten Figur, z. B. eines Ungeheuers.

Spielvariante: Die Mitspieler schleudern sich gegenseitig.

Ziele: Bewegungsfreude, Körperbeherrschung, Vorstellung.

Hängebrücke / Seiltanz

Bekannt unter dem Titel: Balancieren

Alter: ab 3 Jahren
Mitspieler: beliebig
Spielort: beliebig
Materialien: Seil

Spielbeschreibung: Alle Mitspieler balancieren nacheinander über ein ausgelegtes Seil. Bei Wiederholungen das Seil in gewünschte Formen legen.

Spielvariante: Statt eines Seiles einen Holzstab verwenden oder einen Kreidestrich ziehen.

Ziele: Körpergeschicklichkeit, Reaktion.

Himbeerwaldreise

Bekannt unter dem Titel: Teutoburgerwald

Alter: ab 3 Jahre
Mitspieler: beliebig
Spielort: beliebig
Materialien: keine

Spielbeschreibung: Alle Mitspieler machen eine Polonaise (Hände auf den Schultern des vorderen Mitspielers) und singen:

Kommt wir machen eine Reise,
durch den roten Himbeerwald:
Und das geht:
Klatschen, klatschen, klatschen, klatschen
Durch den roten Himbeerwald:
(hüpfen, drehen, nicken, tanzen u.s.w.)
Dabei werden die angegebenen Bewegungen ausgeführt.

Ziele: Rhythmische Bewegungsfreude.

Hörst du die Regenwürmer

Bekannt unter dem Titel: Fingerspiel

Alter: ab 4 Jahren
Mitspieler: beliebig
Spielort: beliebig
Materialien: keine

Spielbeschreibung: Das Lied singen und dazu mit den Händen die beschriebenen Bewegungen ausführen.

Hörst du die Regenwürmer husten, – öchö, öchö,
wie sie durch's dunkle Erdreich zieh'n,
wie sie sich winden,
(erst Bewegung mit dem Zeigefingern, dann Faust ballen)

und dann verschwinden,
auf nimmer, nimmer wiederseh'n!
(Zuwinken)

Spielvariante: Alle kriechen wie Regenwürmer auf dem Boden.

Ziele: Vorstellung, Fingergeschicklichkeit.

Kaugummi – Monster

Bekannt unter dem Titel: Kaugummi – Fangen

Alter: ab 4 Jahre
Mitspieler: 5–20
Spielort: großer Raum / draußen
Materialien: keine

Spielbeschreibung: Ein Spieler beginnt als Kaugummi. Berührt es jemanden, so muss dieser an ihm kleben bleiben. Hand in Hand und gemeinsam wird weiter gefangen. Das Kaugummi kann nur an den äußeren Enden fangen bzw. kleben. Das Spiel ist zu Ende, wenn alle Mitspieler ein großes, langes Kaugummi geworden sind.

Ziele: Kooperation, Bewegungsfreude.

Katz und Maus

Alter: ab 4 Jahren
Mitspieler: ab 4
Spielort: großer Raum / draußen
Materialien: keine

Spielbeschreibung: Alle Mitspieler stehen im Kreis. Ein Mitspieler ist die Maus und hockt in der Kreismitte; eine Mitspieler ist die Katze und steht außerhalb des Kreises. Die Katze befragt nacheinander die Mitpieler im Kreis:

Was macht die Maus?

Diese nennen eine beliebige Tätigkeit, die von der Maus im Kreis ausgeführt wird. Antwortet der Kreis:

Sie läuft gerade zur Tür hinaus!

versucht die Katze, die Maus zu fangen. Beide laufen dazu eine Runde um den Kreis herum; Rollentausch.

Ziele: Bewegungsfreude, Vorstellung, Reaktion.

Kometeneier werfen

Alter: ab 3 Jahren
Mitspieler: beliebig
Spielort: großer Raum / draußen
Materialien: keine

Spielbeschreibung: Alle Mitspieler knüllen Zeitungspapier und bewerfen sich damit.

Spielvariante: Neue Spielregel gemeinsam erfinden.

Ziele: Bewegungsfreude.

Krokodilfangen / Krokodil am Nil

Alter: ab 5 Jahre
Mitspieler: ab 10
Spielort: großer Raum / Wiese
Materialien: großes Tuch / Schwungtuch

Spielbeschreibung: Ein Schwungtuch wird ausgebreitet und durch die Mitspieler auf allen Seiten festgehalten. Ein Mitspieler krabbelt unter dem Tuch als Krokodil umher. Ein Mitspieler steht auf dem Tuch als Krokodilfänger. Während alle kurze kräftige Wellenbewegungen mit dem Tuch machen, versucht der Krokodilfänger das Krokodil zu fangen.

Ziele: Bewegung, Reaktionsschnelligkeit.

Kriech durch

Bekannt unter dem Titel: Brücken-Fangen
Alter: ab 4 Jahre
Mitspieler: 4–20
Spielort: großer Raum / draußen
Materialien: keine

Spielbeschreibung: Alle laufen. Ein Kind ist Fänger. Hat es ein anderes Kind berührt, bleibt dieses stehen. Es kann befreit werden, indem es die Beine zu einer Brücke auseinanderstellt und ein anderes Kind hindurchkriecht.

Spielvariante: Die Brücke kann auch mit dem nach vorn gebeugten Oberkörper gebildet werden.

Ziele: Kooperation, Bewegungsfreude, Geschicklichkeit

Riese in der Höhle

Bekannt unter dem Titel: Kleiner Drache

Alter: ab 4 Jahre
Mitspieler: 4–15
Spielort: drinnen / draußen
Materialien: großes Tuch

Spielbeschreibung: Ein Mitspieler sitzt als Riese unter einem Tuch. Die anderen stehen davor und rufen:

Riese, schläfst du noch?
Riese: *Ja!*
Alle: *Wie lange denn?*
Riese: *Bis 3 Uhr!*

Nach dem Zählen der Uhrzeit, kommt der Riese heraus und fängt einen Mitspieler, der nun den Riesen spielt.

Spielvariante: Die gefangenen Mitspieler werden auch zu Riesen und fangen in den nächsten Spielrunden mit.

Ziele: Bewegungsfreude, Reaktion.

Sonnenhutspiel

Bekannt unter dem Titel: Hutspiel

Alter: ab 4 Jahre
Mitspieler: 5–15
Spielort: drinnen / draußen
Materialien: Hut

Spielbeschreibung: Alle Mitspieler bewegen sich frei oder im Kreis. Derjenige, der den Hut auf hat, gibt eine Bewegung, Körperhaltung oder Gangart vor, die alle imitieren. Dann wechselt der Hut zu einem anderen Mitspieler.

Spielvariante: Mit bewegter Musik.

Ziele: Bewegungsfreude, Kreativität.

Steg über den Sumpf

Bekannt unter dem Titel: Riesenraupe

Alter: ab 5 Jahre
Mitspieler: 5 und mehr
Spielort: großer Raum / Wiese
Materialien: keine

Spielbeschreibung: Alle Mitspieler legen sich eng nebeneinander auf den Bauch, Arme nach vorne ausgestreckt. Die Bewegung beginnt auf einer Seite. Der äußerste Spieler rollt sich auf seinen Nachbarn und weiter über die ganze Körperreihe, bis er vorne wieder auf dem Bauch liegt. Inzwischen setzt sich schon der nächste in Bewegung. Das Rollen geht so lange, bis alle einmal an der Reihe waren.

Spielvariante: Alle Mitspieler liegen eng nebeneinander auf dem Bauch. Ein Mitspieler legt sich quer über die ersten Körper. Auf Kommando drehen sich alle Körper in eine Richtung, so dass der oben auf liegende Mitspieler weiter transportiert wird.

Ziele: Körperkontakt, Bewegungsfreude, Kooperation.

Susi Sonnengelb Bella Himmelblau Rosi Rosenrot Sigrun Rasengrün

Bekannt unter dem Titel: Fritz-Fratz-Friederich

Alter: ab 3 Jahre
Mitspieler: beliebig
Spielort: drinnen / draußen
Materialien: keine

Spielbeschreibung: Die Mitspieler sitzen im Kreis und rhythmisieren den Text durch Klatschen oder abwechselndes Schlagen auf die Oberschenkel:

Su-si – Sonnen-gelb,
wohnst- du -im- Sonnen-blumen-feld?
Ich wohn – im Sonnen-blumen-feld.
Ich heiße – Susi – Sonnen-gelb.

Spielvariante: Der Vers kann mehrmals gesprochen werden, wobei die Lautstärke oder Stimmlage variiert wird.

Ziele: Text in rhythmisierte Bewegung umsetzen.

Tabak rollen

Alter: ab 4 Jahre
Mitspieler: beliebig
Spielort: großer Raum / draußen
Materialien: Zeitungspapier

Spielbeschreibung: Alle Mitspieler bekommen einen Doppelbogen Zeitungspapier und rollen sich darin ein. Dazu murmeln sie wiederholt:

Wir, wir, wollen, Tabak rollen.

Ziele: Körperbeherrschung, Vorstellung.

Tunnelkrabbeln

Alter: ab 3 Jahre
Mitspieler: 4–20
Spielort: großer Raum / draußen
Materialien: keine

Spielbeschreibung: Alle stehen nebeneinander. Das erste Kind beugt den Oberkörper nach vorn und legt die Hände auf den Boden, das zweite Kind krabbelt hindurch, stellt sich neben das erste Kind und beugt sich ebenfalls. Die weiteren Kinder wiederholen die Bewegungen, bis das erste Kind auch durch den Tunnel gekrabbelt ist.

Spielvariante: Der Tunnel kann auch stehend, mit auseinandergestellten Beinen gebildet werden.

Ziele: Kooperation, Bewegungsfreude, Grobmotorik.

Inselhüpfen

Alter: ab 4 Jahre
Mitspieler: beliebig
Spielort: beliebig
Materialien: Zeitungspapier, Kartons, Stühle

Spielbeschreibung: Die Zeitungsbögen liegen so verteilt im Raum, dass die Mitspieler sie hüpfend (von Bogen zu Bogen) erreichen können.

Spielvariante:

1. Paarhüpfen: auf einem Bein hüpfen, usw.
2. Ein Mitspieler oder ein Spielerpaar hat zwei Zeitungsbögen oder zwei Kartons. Einen Zeitungsbogen legt es auf den Boden, stellt sich darauf, legt den zweiten Bogen aus, stellt sich darauf und hebt den vorhergehenden wieder auf, usw.
3. Ein Spieler stellt seinen Stuhl hin, der nächste klettert mit seinem Stuhl darüber, stellt seinen Stuhl daneben, klettert über beide Stühle zurück zur Ausgangsposition. Solange spielen, bis alle Mitspieler ihre Stühle in einer Reihe aufgebaut haben. Dann wieder zurück.

Ziele: Grobmotorik, Geschicklichkeit, Koordination, Kooperation.

Darstellende Spiele

Da oben auf dem Berge

Alter: ab 3 Jahre
Mitspieler: beliebig
Spielort: beliebig
Materialien: keine

Spielbeschreibung: Die Mitspieler stehen, gehen oder sitzen im Kreis und sprechen den Text rhythmisiert, wobei die Zahlen mit den Fingern gezeigt werden:

Da oben auf dem Berge 1, 2, 3
(leise sprechen, nach oben zeigen),

da zittern sieben Zwerge 1, 2, 3
(flüstern, zitternde Bewegung).

Da unten in dem Schokowald
(laut sprechen, nach unten zeigen),

da haust der Riese Schleckerbald 1, 2, 3
(noch lauter sprechen sich groß machen, Muskeln zeigen).

Spielvariante: Eigene Bewegungen zum Text finden.

Ziele: Spiel- und Bewegungsfreude, Sprache rhythmisieren und durch Bewegungen zum Ausdruck bringen.

Denkt euch nur

Bekannt unter dem Titel: Trostvers

Alter: ab 3 Jahren
Mitspieler: beliebig
Spielort: beliebig
Materialien: keine

Spielbeschreibung: *Denkt euch nur der Frosch war krank, jetzt lacht er wieder, Gott sei dank!* Die Spielleiterin spricht den Vers mit passender Körperbewegung und Mimik. Alle wiederholen den Vers und die Darstellung.

Spielvariante: Nacheinander nennen die Spielteilnehmer andere Tiere und ahmen die jeweiligen Bewegungen nach.

Ziele: Vorstellung, Darstellung, Nachahmung.

Das rote Pferd

Bekannt unter dem Titel: Da hat das Hottepferd

Alter: ab 5 Jahren
Mitspieler: beliebig
Spielort: beliebig
Materialien: keine

Spielbeschreibung: Die Mitspieler stehen im Kreis mit dem Gesicht nach außen:
Da hat das rote Pferd,
(auf die Oberschenkel klatschen)

sich einfach umgekehrt,
(schwungvoll umdrehen)

und hat mit seinem Schweif,
(rechten Ellenbogen in der linken Hand aufstützen, nach rechts und links pendeln)

die Fliege abgewehrt.
(rechte Hand klatscht auf die linke)

Die Fliege war nicht dumm,
(mit rechtem Zeigefinger an die Stirn tippen)

sie machte sum, sum, sum
(mit dem rechten Zeigefinger kreisende Bewegungen um den Kopf machen)

und flog mit viel Gebrumm
(kreisende Bewegungen um den Kopf machen)

um's rote Pferd herum.
(schwungvoll umdrehen).

Spielvariante: Das Lied kann mehrmals wiederholt werden, wobei das Tempo gesteigert werden kann. Die Mitspieler erfinden eigene Bewegungen zum Text.

Ziele: Rhythmische Bewegungsfreude, Darstellung, Nachahmung.

Es ging ein Zwerg im Grase

Alter: ab 3 Jahren
Mitspieler: beliebig
Spielort: beliebig
Materialien: keine

Spielbeschreibung: Alle gehen im Zwergengang im Kreis, bilden mit den Händen eine Zipfelmütze auf dem Kopf und führen die Bewegungen zum Text aus. Zum Schluss hüpfen alle auf einem Bein und lassen sich fallen.

Ziele: Bewegungsfreude, Vorstellung, Darstellung.

Fantadu-Sand / Fantadu-See / Fantadu-Wiese

Bekannt unter dem Titel: Pantomimische Darstellung
Alter: ab 4 Jahren
Mitspieler: beliebig
Spielort: großer Raum / draußen
Materialien: Materialien: keine

Spielbeschreibung: Die Spielleiterin spricht die Einleitungsformel:

Fantasie, Fantadu,
schließe beide Augen zu!

Anschließend erzählt sie von Dingen, Geschehnissen oder Begebenheiten in einem Sandkasten, an einem See oder auf einer Wiese. Die Kinder stellen das Gehörte mit eigenen Bewegungen pantomimisch dar.

Spielvariante: Geübte Kinder übernehmen die Rolle der Erzählerin und erzählen eigene Fantadu-Geschichten, z. B. von einer Wiese, einer Flossfahrt oder einem Zoobesuch.

Ziele: Vorstellung, Fantasie, Bewegungsfreude.

Fixe kleine Hexen

Alter: ab 3 Jahren
Mitspieler: beliebig
Spielort: großer Raum / draußen
Materialien: je Mitspieler ein Gymnastikstab, Stock oder Besen

Spielbeschreibung: Alle Mitspieler reiten auf ihren Hexenbesen durch den Raum. Bei *Fli-Fla-Flum* bleiben alle stehen, drehen sich in die Gegenrichtung und reiten weiter.

Spielvariante: Die Mitspieler stehen mit ihren Hexenbesen im Kreis. Eine Hexe reitet um den Kreis. Bei *Fli-Fla-Flum* bleibt sie vor einem Mitspieler stehen und sagt:

Dreh dich um!

Beide Hexen reiten dann weiter und suchen sich in der nächsten Spielrunde weitere Hexen.

Ziele: Bewegungsfreude, Vorstellung, Darstellung.

Mäuseturm

Alter: ab 4 Jahren
Mitspieler: 12–20
Spielort: großer Raum / draußen
Materialien: keine

Spielbeschreibung: Rollenverteilung vornehmen. Alle singen.

Turm: 4 Kinder strecken die Arme und berühren sich an den Fingern.

Blitz: Alle Kinder bewegen ihre Arme im Zickzack durch die Luft und zischen dabei.

Feuerwehr: 4 Kinder tragen die Turmkinder einzeln heraus, dazu fasst jedes einen Arm oder ein Bein.

Schluss: Alle klatschen in die Hände, bei der Wiederholung fassen sich jeweils 2 Kinder an die Hände und drehen sich.

Spielvariante: Rollentausch, Verkleidungsgegenstände.

Ziele: Darstellung, Kooperation, Bewegung.

Macht auf das Tor

Alter: ab 4 Jahre
Mitspieler: ab 6 (gerade Mitspielerzahl)
Spielort: großer Raum / draußen
Materialien: ein Gymnastikreifen

Spielbeschreibung: Die Spielleiterin stellt einen Gymnastikreifen senkrecht auf. Alle Mitspieler singen und ziehen paarweise hintereinander durch diesen Reifen. Zum Schluss des Liedes wird der Reifen in die Waagerechte gedreht, so dass zwei Mitspieler innerhalb des Reifens stehen. Sie nennen ihr „Losungswort" und setzen sich anschließend neben die Spielleiterin. So lange spielen bis alle Mitspieler ihr „Losungswort" genannt haben.

Spielvariante: Zwei Mitspieler stehen sich gegenüber und heben die Hände zum Torbogen, durch den alle paarweise hindurch gehen. Zum Schluss des Liedes werden die Arme in der Waagerechten gehalten, so dass zwei Mitspieler zwischen dem gebildeten Torbogen stehen.

Ziele: Bewegungsfreude, Vorstellung, Darstellung.

Mondsucher

Bekannt unter dem Titel: Ich bin Apollo

Alter: ab 4 Jahren
Mitspieler: ab 4
Spielort: beliebig
Materialien: keine

Spielbeschreibung: Die Mitspieler stehen/sitzen im Kreis und singen wiederholt das Lied:

Ich bin Apollo, ich bin Apollo!
Ich fliege um den Mond herum
und such den Mondmann Schrumm.
Schrumm, bum bum! Sind sie hier?
Schrumm, bum bum! *Bitte folgen sie mir!*

Ein Mitspieler ist Apollo und fliegt als Rakete im Kreis herum. Bei *Schrumm* bleibt er vor einem Mitspieler stehen, legt ihm seine Hände auf die Schultern und klopft im Takt darauf. Der Mitspieler folgt nun Apollo und sucht sich einen anderen Mitspieler aus. Das Spiel endet, wenn alle Mitspieler im Spiel sind.

Ziele: Vorstellung, Bewegung.

Riesenverwandlung

Bekannt unter dem Titel: Wir gehen jetzt im Kreise

Alter: ab 4 Jahre
Mitspieler: 5–25
Spielort: beliebig
Materialien: keine

Spielbeschreibung: Die Mitspieler gehen im Kreis und sprechen den Text im rhythmischen Sing-Sang. Der im Text genannte Mitspieler macht eine Bewegung vor, die von den anderen nachgeahmt wird. Dies kann beliebig wiederholt werden.

Ziele: Vorstellung, Nachahmung, Bewegungskreativität.

Unsere Hände sind verschwunden

Alter: ab 3 Jahre
Mitspieler: beliebig
Spielort: beliebig
Materialien: keine

Spielbeschreibung: Passend zum Liedtext werden die Hände hinter dem Rücken „versteckt".

Spielvariante: Bei weiteren Strophen verschwinden nacheinander die Arme, die Beine, oder andere Körperteile.

Ziele: Vorstellung, Körpergeschicklichkeit.

Was esse ich?

Alter: ab 5 Jahre
Mitspieler: 3–15
Spielort: beliebig
Materialien: keine

Spielbeschreibung: Die Mitspieler sitzen im Kreis. Der erste packt aus seinem imaginären Rucksack etwas zu essen aus, macht es pantomimisch vor, die anderen raten, was er ißt.

Dann ist der nächste an der Reihe.

Spielvariante: Es werden Spielzeuge pantomimisch vorgestellt.

Ziele: Vorstellung, pantomimische Darstellung, Konzentration, Beobachtung.

Wickel-Wackel-Zaubermann

Alter: ab 5 Jahre
Mitspieler: ab 5–15
Spielort: beliebig
Materialien: ein Topf, verschiedene Gegenstände, z. B. Spielzeug, Tierfiguren, Küchengegenstände oder deren Abbildungen, Zauberstab

Spielbeschreibung: Die Mitspieler sitzen im Kreis. In der Mitte steht ein umgestülpter Topf, unter dem die Spielleiterin zuvor einen Gegenstand gelegt hat. Ein Mitspieler steht als Zauberer mit einem Zauberstab neben dem Topf.

Alle:
In einem dunklen, dunklen Tann
wohnt ein alter Zaubermann.
Wickelt, wackelt mit dem Kopf (Kopf wackeln)
und rührt in seinem Zaubertopf. (Rührbewegung)

Zauberer:
Feuer, Feuer flamme auf,
erhitze meinen Topf darauf.
Zauberstab geht hin und her, (von einer Hand zur anderen)
kommt heraus ein…

Zauberer schaut unter den Topf, stellt den anderen pantomimisch den versteckten Gegenstand dar, den die anderen erraten sollen. Der Gegenstand wird ausgetauscht, ein neuer Zauberer kann zaubern.

Spielvariante: Ohne Gegenstände, Mitspieler entwickeln eigene Ideen.

Ziele: Sprachförderung, Konzentration, pantomimische Darstellung.

Wind Wind sause

Alter: ab 3 Jahre
Mitspieler: ab 2
Spielort: beliebig
Materialien: keine

Spielbeschreibung: Zur ersten Strophe des Liedes den Daumen und die Finger jeder Hand zu einem Kreis formen und vor die Augen halten. Den Körper im Takt der Melodie leicht hin und her wiegen.

Spielvariante: Die weiteren 3 Strophen singen und ebenfalls pantomimisch darstellen.

2. Stern, Stern scheine!
Der Mond, der ist noch kleine.
Er hat die Sichel in der Hand.
Er mäht das Gras am Himmelsrand.
Stern, Stern scheine!

3. Singe Vogel singe!
Der Mond ist guter Dinge.
Er steckt den halben Teller raus.
Das sieht blank und lustig aus.
Singe Vogel singe!

4. Hell wird's immer heller!
Der Mond hat einen Teller
mit allerfeinstem Silbersand.
Den streut er über Meer und Land.
Hell wird's immer heller!

Ziele: Vorstellung, sinnliche Wahrnehmung.

Zauberer Schaumschläger

Alter: ab 5 Jahre
Mitspieler: 5–15
Spielort: beliebig
Materialien: ein Schneebesen

Spielbeschreibung: Die Mitspieler bewegen sich frei im Raum. Ein Mitspieler hält als Zauberer Schaumschläger einen Schneebesen in der Hand und spricht:

Hokus pokus, ich verwandle alle in Kochtöpfe!

Worauf alle pantomimisch dieses Küchengerät darstellen. Danach berührt der Zauberer alle mit dem Schneebesen, sagt: *Rührt euch!* und alle bewegen sich wieder frei im Raum. Der Schneebesen wird an den nächsten Zauberer weitergegeben.

Spielvariante: Die Mitspieler können in Tiere, Spielzeuge oder Fahrzeuge verwandelt werden.

Ziele: Vorstellung, pantomimische Darstellung.

Kontaktspiele

Begrüßungsrahmen

Alter: ab 4 Jahre
Mitspieler: ab 2
Spielort: beliebig
Materialien: Kohlestift, Spiegel

Spielbeschreibung: Die Spielpartner zeichnen sich vorsichtig gegenseitig einen Rahmen ins Gesicht und zeigen anschließend eine freundliche Grimasse.

Spielvariante: Andere Stiftarten und -farben wählen; andere Körperteile bemalen; schminken; etc.

Ziele: Körperkontakt, Körperwahrnehmung, Mimik.

Gelben Tag / Blauen Tag / Roten Tag / Grünen Tag

Bekannt unter dem Titel: spots in movement
Alter: ab 4 Jahre
Mitspieler: beliebig
Spielort: beliebig
Materialien: keine

Spielbeschreibung: Die Mitspieler bewegen sich frei im Raum. Durch einen angekündigten Impuls der Spielleiterin oder eines Mitspielers, begrüßen sich alle auf eine besondere Weise, z. B. Händeschütteln, am linken Ohrläppchen zupfen, mit der rechten Fußspitze, mit dem Po usw.

Spielvariante: Mit Musik-Stopp.

Ziele: Abbau von Berührungsängsten, kreative Begrüßungsformen entwickeln, Körperkontakt.

Einer ist hier verschwunden
Wer steckt im Nordpol – Tunnel

Alter: ab 4 Jahre
Mitspieler: ab 4
Spielort: geschlossener Raum
Materialien: 1 große Decke/Betttuch

Spielbeschreibung: Alle sitzen im Kreis auf dem Boden. Ein Mitspieler wartet vor der Tür, ein anderer Mitspieler versteckt sich unter der Decke. Der wartende Mitspieler kommt nun in den Kreis und rät, wer unter der Decke steckt, dazu wird der Text gesungen; Rollenwechsel.

Spielvariante: 2 Kinder stecken unter der Decke; der ratende Mitspieler fühlt/tastet wer unter der Decke steckt.

Ziele: Vorstellung, Kennenlernen, Vertrauen.

Fantadu-Bach

Alter: ab 4 Jahre
Mitspieler: beliebig
Spielort: beliebig
Materialien: keine

Spielbeschreibung: Die Mitspieler liegen nebeneinander auf dem Boden und die Spielleiterin spricht die Formel:

Fantasie, Fantadu,
schließe beide Augen zu!

Spielvariante: Sie erzählt anschließend von den Geschehnissen eines Bachlaufs. Die Kinder stellen sich das Gehörte vor und rollen zunächst ganz langsam, dann schneller durch den Raum.

Ziele: Kooperation, Vertrauen, Vorstellung.

Gluckerbauch

Alter: ab 4 Jahre
Mitspieler: ab 4
Spielort: geschlossener Raum
Materialien: keine

Spielbeschreibung: Alle Mitspieler liegen auf dem Boden, jeweils mit dem Kopf auf dem Bauch eines anderen Mitspielers; konzentriertes Lauschen.

Spielvariante: Im Anschluss beschreibt jeder seine Eindrücke und Empfindungen.

Ziele: Vertrauen, Konzentration, Wahrnehmung.

Hängematte

Alter: ab 4 Jahre
Mitspieler: mind. 4
Spielort: beliebig
Materialien: keine

Spielbeschreibung: Jeweils vier Mitspieler tragen einen fünften Mitspieler an den Armen und Beinen und schaukeln ihn sanft hin und her; Rollentausch.

Ziele: Vertrauen, Kooperation.

Hatschi-Patschi / Sonne-Wonne

Alter: ab 4 Jahre
Mitspieler: ab 5–25
Spielort: beliebig
Materialien: keine

Spielbeschreibung: Alle Mitspieler sitzen im Stuhlkreis, ein Stuhl weniger als Mitspieler. Ein Mitspieler wird aus dem Raum geschickt. In der Zeit bestimmen alle, wer „Hatschi-Patschi" sein soll. Der Mitspieler wird in den Raum zurückgerufen und begrüßt der Reihe nach jeden im Kreis mit Handschlag und *Guten Tag, wie heißt du?* Worauf jeder seinen Namen nennt. Bei der Begrüßung von „Hatschi-Patschi" springen alle auf und suchen sich einen neuen Platz. Der Mitspieler, der nun keinen Platz gefunden hat, ist in der nächsten Spielrunde, der Ratende.

Spielvariante: Die Mitspieler geben sich Fantasienamen.

Ziele: Kennenlernen der Namen, Reaktion, Bewegung.

Hier ist blau und da ist blau

Bekannt unter dem Titel: Hier ist grün und da ist grün
Alter: ab 3 Jahre
Mitspieler: ab 6 (gerade Mitspielerzahl)
Spielort: beliebig
Materialien: keine

Spielbeschreibung: Alle stehen im Kreis mit dem Gesicht nach außen und singen. Ein Mitspieler geht im Innenkreis. Bei *Dreh dich um!* bleibt er vor einem stehen. Dieser wendet sich dem Mitspieler zu. Beide fassen sich an, gehen im Kreis und fordern in der nächsten Spielrunde weitere zum Mitgehen auf.

Ziele: Rhythmische Sing- und Bewegungsfreude, Kontaktaufnahme.

Hin und her im grünen Urwald

Bekannt unter dem Titel: Hin und her im grünen Walde

Alter: ab 3 Jahre
Mitspieler: ab 6 (gerade Mitspielerzahl)
Spielort: beliebig
Materialien: keine

Spielbeschreibung: Alle stehen im Kreis und singen. Ein Mitspieler geht im Innenkreis herum. Bei *Du sollst mir folgen* bleibt er vor einem Mitspieler stehen. Beide klopfen sich im rhythmischen Wechsel auf die Schultern, gehen dann gemeinsam im Kreis, um in der nächsten Spielrunde weitere Mitspieler aufzufordern.

Ziele: Körperkontakt, rhythmische Bewegungsfreude.

Höhlenführer

Alter: ab 4 Jahre
Mitspieler: ca. 10
Spielort: geschlossener Raum
Materialien: keine

Spielbeschreibung: Partnerspiel. Ein Mitspieler schließt die Augen und wird von dem Partner an die Hände gefasst und ohne anzuecken durch den Raum geführt; Rollentausch.

Spielvariante: Nur durch das Berühren der Fingerkuppen den Partner stumm führen.

Ziele: Vertrauen, Körperkontakt, Wahrnehmung.

Ich bin die rote Hexe

Bekannt unter dem Titel: Ich bin die kleine Hexe

Alter: ab 3 Jahre
Mitspieler: ab 6 (gerade Mitspielerzahl)
Spielort: beliebig
Materialien: keine

Spielbeschreibung: Alle sitzen im Kreis und singen. Die Hexe hüpft im Innenkreis rund herum. Bei *sing ein Lied dazu* bleibt sie vor einem Mitspieler stehen. Sie haken ihre rechten Arme ineinander und drehen sich zu *hei hoppa hoppa…* Nach dem Richtungswechsel tanzen nun zwei Hexen im Kreis. So lange spielen, bis alle in der Mitte tanzen.

Spielvariante: Nur Mitspieler mit roter oder blauer oder grüner, etc. Kleidung tanzen als Hexen in der Mitte.

Ziele: Rhythmische Bewegungsfreude, Kontaktaufnahme.

Ich sitze im Urwald

Bekannt unter dem Titel: Ich sitze im Grünen

Alter: ab 4 Jahre
Mitspieler: 6–25
Spielort: beliebig
Materialien: keine

Spielbeschreibung: Alle sitzen im Stuhlkreis, ein Stuhl mehr als Mitspieler. Der erste Mitspieler rutscht auf den rechten leeren Platz und sagt: *Ich sitze,* der linke Nachbar rutscht nach und sagt: *im Urwald* und wieder rutscht der nächste nach und sagt: *und warte auf Max.*

Dabei nennt er den Namen eines Mitspielers, der sich auf den freien Platz setzen soll. Der Mitspieler, der nun rechts neben sich einen freien Platz hat, setzt das Spiel fort.

Spielvariante: Ältere Mitspieler erfinden eigene Tätigkeiten und Aufenthaltsorte, z. B. *Ich liege – am Strand – und...* oder *Ich fahre – nach Amerika – und...*

Ziele: Kennenlernen der Namen, Aufmerksamkeit.

Kuscheltanz

Alter: ab 3 Jahre
Mitspieler: beliebig
Spielort: beliebig
Materialien: langsame Musik im Hintergrund

Spielbeschreibung: Alle Mitspieler tanzen mit einem Partner. Die Art des Körperkontaktes bestimmt jedes Paar selbst.

Spielvariante: Mehrere Paare tanzen zusammen.

Ziele: Körperkontakt, Bewegung.

Kürbistragen

Alter: ab 3 Jahre
Mitspieler: gerade Mitspielerzahl
Spielort: beliebig
Materialien: pro Spielerpaar ein Luftballon

Spielbeschreibung: Alle Mitspieler transportieren mit einem Partner einen aufgeblasenen Luftballon zwischen ihren Körpern.

Spielvariante: Mehrere Paare bewegen sich mit ihren Luftballons zur Musik. In die Transportstrecke werden Hindernisse eingebaut.

Ziele: Körperkontakt, Geschicklichkeit, Koordination.

Mumien wickeln

Alter: ab 4 Jahre
Mitspieler: mind. 2
Spielort: beliebig
Materialien: Toilettenpapier

Spielbeschreibung: Ein Mitspieler umwickelt einen anderen Mitspieler mit Toilettenpapier; Rollentausch.

Spielvariante: Es werden nur bestimmte Körperteile umwickelt.

Ziele: Vertrauen, Körperkontakt.

Schildkrötenschaukel

Alter: ab 3 Jahre
Mitspieler: beliebig
Spielort: beliebig
Materialien: keine

Spielbeschreibung: Jeweils 2 Mitspieler sitzen auf dem Boden, fassen sich bei den Händen und schaukeln hin und her, sprechen rhythmisch dazu:

Wir schaukeln, wir schaukeln,
wir schaukeln, das ist kein Traum,
auf einem alten Schildkrötenbaum!

Spielvariante: Mehrere Mitspieler fassen sich an.

Ziele: Körperkontakt, Wahrnehmung.

Spiegelpantomime

Alter: ab 4 Jahre
Mitspieler: ab 2
Spielort: beliebig
Materialien: keine

Spielbeschreibung: Zwei Spielpartner stehen sich gegenüber; einer ahmt als Spiegel die Mimik des anderen nach. Dabei können verschiedene Tätigkeiten, wie z. B Zähne putzen, ausführt werden. Nach einiger Zeit Rollenwechsel.

Spielvariante: Als Ganzkörperspiegel werden alle Bewegungen gespiegelt.

Ziele: Beobachtung, Reaktion, Wahrnehmung, Vertrauen.

Weltraumliebe

Bekannt unter dem Titel: Grün, grün, grün sind alle meine Kleider

Alter: ab 4 Jahre
Mitspieler: beliebig
Spielort: beliebig
Materialien: blaue Fingerfarbe

Spielbeschreibung: Alle Mitspieler singen das Lied und malen sich gegenseitig einen blauen Punkt auf die Nase und pusten sich Luftküsse zu:

Blau, blau, blau sind alle meine Kleider,
blau, blau, blau ist alles was ich hab.
Darum lieb ich, alles was so blau ist,
weil mein Schatz ein Weltraumfahrer ist.

Spielvariante: Neue Strophen erfinden.

Ziele: Gefühle zeigen.

Verliebte Pelzkinder

Alter:	beliebig
Mitspieler:	beliebig
Spielort:	beliebig
Materialien:	Fellreste

Spielbeschreibung: Jeder bekommt ein kleines Stück Pelz und gegenseitig berühren sich alle mit dem Pelz, winken, werfen sich Kusshände zu und rufen: *Liebste! Herz! Kuss!* und *Vergiss-mein-nicht.*

Ziele: Kontakt, Kennenlernen, Beachtung, Bewegung.

Sinneswahrnehmung

Blaue Sachen tasten / Früchte fühlen / Tastsack

Bekannt unter dem Titel: Tastkim

Alter: ab 4 Jahre
Mitspieler: beliebig
Spielort: beliebig
Materialien: Behältnis, z. B. Sack, Karton, o. ä. mit verschiedenen Gegenständen

Spielbeschreibung: Alle sitzen im Kreis und der mit Gegenständen gefüllte Sack liegt in der Kreismitte. Nacheinander fassen alle in den Sack, befühlen einen Gegenstand, benennen/beschreiben ihn.

Spielvariante: Tastmemory.

Ziele: Taktile Wahrnehmung, Konzentration, Erinnerung.

Gesichter weitergeben

Alter: ab 4 Jahre
Mitspieler: ab 2
Spielort: beliebig
Materialien: keine

Spielbeschreibung: Alle sitzen/stehen im Kreis. Die Spielleiterin zieht eine Grimasse, zeigt sie ihrem Nachbarn, schiebt anschließend ihre Hand vor das Gesicht, entfernt sie wieder und zeigt einen neutralen Gesichtsausdruck. Der Nachbar gibt wiederum seinem Nachbarn das Gesicht weiter.

Ziele: Sinneswahrnehmung, Konzentration.

Hör mal was da rauscht

Bekannt unter dem Titel: Hörkim

Alter: ab 4 Jahre
Mitspieler: beliebig
Spielort: beliebig
Materialien: Kassettenrecorder, Kassette mit Alltagsgeräuschen

Spielbeschreibung: Die Spielleiterin spielt das erste Geräusch ab, alle Kinder raten. Wiederholung, bis alle Geräusche erraten wurden.

Spielvariante: Geräuschdosenmemory, Geräuschlotto.

Ziele: Konzentration, Erinnerung, Hörsinn.

Ich sehe was, was du nicht siehst

Alter: ab 4 Jahre
Mitspieler: beliebig
Spielort: Raum
Materialien: keine

Spielbeschreibung: Alle sitzen gemütlich beisammen, die Spielleiterin stellt die erste Frage (der Gegenstand muss sich für alle sichtbar im Raum befinden). Der Mitspieler, der als erstes richtig geraten hat, darf die nächste Raterunde beginnen.

Spielvariante: Dinge beschreiben und raten lassen, die sich nicht sichtbar im Raum befinden.

Ziele: Konzentration, Sehsinn, Beobachtung.

Im Wald, da steht ein Hexenhaus

Bekannt unter dem Titel: Im Keller ist es duster

Alter: ab 4 Jahre
Mitspieler: ab 5–15
Spielort: beliebig
Materialien: keine

Spielbeschreibung: Alle sitzen im Kreis. Ein Mitspieler sitzt mit geschlossenen Augen als Hexe in der Mitte. Alle sprechen den Text. In der Zeit stellt sich ein Mitspieler hinter die Hexe, klopft auf ihren Rücken und fragt:

Poch, poch, poch,
wer darf hinein?

Die Hexe errät den Namen des Mitspielers, der danach die neue Hexe ist.

Spielvariante: Beim Spiel mit älteren Kindern kann die Stimmlage verändert werden.

Ziele: Auditive Wahrnehmung und Identifikation, Konzentration.

Klatschwörter

Alter: Bekannt unter dem Titel: Namen klatschen
Mitspieler: ab 4 Jahre
Spielort: beliebig
Materialien: beliebig
keine

Spielbeschreibung: Jeder Mitspieler überlegt sich ein Wort, spricht es und klatscht die Silben.

Spielvariante: Stampfen; o. ä.

Ziele: Konzentration, Vorstellung.

Riesentelefon / Zwergentelefon

Bekannt unter dem Titel: Stille Post

Alter: ab 4 Jahre
Mitspieler: 5–15
Spielort: beliebig
Materialien: keine

Spielbeschreibung: Alle sitzen im Kreis. Der erste Mitspieler flüstert seinem linken Nachbarn ein Wort ins Ohr. Dieser gibt das Gehörte an seinen nächsten Nachbarn weiter. So lange, bis es zum Ausgangspunkt zurück gekommen ist. Der letzte Mitspieler spricht das gehörte Wort laut aus. Nun kann die nächste Nachricht durch das „Telefon" geschickt werden.

Spielvariante: Begriffe aus bestimmten Bereichen, z. B. etwas, was man essen kann, womit man spielen kann, Tiere, Namen von Personen oder ganze Sätze und Sprüche.

Ziele: Auditive Aufmerksamkeit, auditive Merkfähigkeit.

Schnuppermemory

Bekannt unter dem Titel: Riechkim

Alter: ab 4 Jahre
Mitspieler: 4–8
Spielort: beliebig
Materialien: Riechdosen

Spielbeschreibung: Alle sitzen im Kreis, die 16 Riechdosen mit 8 verschiedenen Düften stehen in der Kreismitte. Wie beim Memoryspiel müssen nun 2 gleiche Düfte gefunden werden.

Spielvariante: Riechlotto.

Ziele: Konzentration, Erinnerung, Riechsinn.

Alphabethisches Spieleverzeichnis

Alphabethisches Liederverzeichnis